新・保育シリーズ ⑮

保育者論

中坪 史典・請川 滋大 監修

上村 晶 編

学術図書出版社

シリーズ刊行にあたって

　本シリーズは、国際幼児教育学会会長を務められた故村山貞雄先生が監修に就かれて、1986年から刊行を始めた「保育シリーズ」の正統なる後継となっております。この「保育シリーズ」は、当時の大学・短期大学にて教鞭を執られていた俊英な方々が執筆陣として加わり、多くの方々からご好評をいただいておりました。

　あれから長い年月が経ちまして、少子高齢化が叫ばれるようになり、子どもたちをとりまく家族の在り様が急激に変化しています。また、たとえば障害のある子どもたちが初等中等教育を受ける際には、施設側に合理的な配慮が求められるようになってきました。子どもたちの健やかな成長を見守る保育の現場でも、従来の考え方にとらわれず、多種多様なニーズへの実践力がより必要になってきたように考えております。

　そこで、今一度わが国の保育・幼児教育の向上に貢献できればと考えまして、このような実践力 ― 一筋縄ではいかない保育の現場における解決力と、子どもたちの多様性を尊重できる包容力 ― を養成するための新しいシリーズを企画することにしました。

　これらの保育・幼児教育に期待される実践力を養成すべく、本シリーズでは以下のような特長を盛り込みました。

1. どのような予期せぬ事態にも慌てず子どもたちに接することができるように、保育・幼児教育の現場で考えうる状況を問題形式で掲載することで、学習者自身が考え、もしくは議論し合うことができるようにしました。
2. 様々な状況におかれた子どもたちが、保育者のもとでのびのびと育っていくために必要な、その多様性を保育者自身が尊重できるように、インクルーシブの観点から記述するようにしました。

　本シリーズを読み進めていただくことで、学習者に保育・幼児教育がどういったものであるかを感じ取ってもらい、未来豊かな子どもたちの健やかな成長を担う方々への道しるべとなりましたならば、望外の喜びです。

中坪 史典
請川 滋大

まえがき

　近年、保育者に求められる役割は非常に多岐にわたりつつあります。ただ、どのように時代が変わったとしても、根幹的・不変的な「保育の王道」を1人ひとりの保育者が深く理解した上で、次世代の保育へとバトンをつないでいくことが重要です。

　このような不易流行も踏まえ、本書は、子どもを「人」として尊重する専門職である保育者の在り方について理解を深められるよう、デザインされています。第1〜4章では、最新の法令や制度による保育者の位置づけについて学ぶことができます。また、第5〜7章では、保育環境や遊び・子どもの権利保障など、具体的な実践場面で求められる保育者の役割について理解を深めることができます。第8〜10章では、カリキュラムや家庭との連携、多様な子どもを包括した保育など、具体的な保育者の職務内容を多角的に学ぶことができます。最後に、第11〜14章では、国際的な保育・幼児教育の現状や、保育者の協働、保育者のキャリア発達や専門性など、大局的な視座から現代の保育者の在り様を学ぶことができます。

　その他、保育士や幼稚園教諭としての勤務経験がある執筆者も多く、情景が浮かびやすい事例を通して保育のアクチュアリティを味わえることも、本書の魅力です。実践現場に根差した保育者の在り様について、読者自身が考えを深められると同時に、実習等で同じような場面に出会った際の道標になることが期待できます。

　加えて、2018年改正の保育士養成課程に示された「保育者論」の各目標と、2018年の教職課程再課程認定における教職課程コアカリキュラム対応表に示された「教職の意義及び教員の役割・職務内容」の各到達目標を達成できるよう構成されています。保育士資格及び幼稚園教諭免許の両方の取得に必要な科目として「保育者論」を設置してある養成校においても、双方を網羅できるテキストとなっています。

　本書を通して、保育の世界を志すたくさんの読者が、「子どもって尊いね」「保育っておもしろいね」と感じながら、保育者としてどのようなことが大切なのかについて、エッセンスを吸収していただけることを願っています。

2024年9月

執筆者を代表して
上村 晶

目　次

第1章　保育とは、保育者とは　　1
 1.1　保育とは　　1
 1.2　保育者とは　　4

第2章　現代における保育者の社会的意義　　8
 2.1　子ども・家庭の変化　　8
 2.2　保育制度の全国的な動向と保育者の社会的意義　　12

第3章　保育者の制度的位置づけと倫理　　21
 3.1　保育者になるために　　21
 3.2　保育者としての倫理　　25

第4章　要領・指針にみる保育者の役割　　34
 4.1　保育者の役割とは　　34
 4.2　生きる力の基礎を育む　　39
 4.3　幼保小連携の重要性　　42

第5章　保育環境の意義と保育者の役割　　50
 5.1　環境を通して行う教育・保育　　50
 5.2　多様な保育環境と環境構成とは　　52
 5.3　豊かな保育環境を構成する保育者の役割　　60

第6章　子どもの主体的な遊びを支える保育者の役割　　63
 6.1　「主体的な遊び」とはなんだろうか　　63
 6.2　遊びを物語として見ること　　67
 6.3　保育者が遊び心をもつこと　　70

第7章　子どもの権利を保障する保育者の役割　　75
 7.1　子ども権利と子どもの権利条約　　75
 7.2　持続可能な社会の創り手を育むとは　　80

第 8 章　保育者の職務内容 (1)：指導計画をデザイン・評価する保育者　　86
 8.1　指導計画とは 86
 8.2　指導計画に基づく保育実践について 92

第 9 章　保育者の職務内容 (2)：家庭や地域と連携・協働する保育者　　98
 9.1　「保護者と共に」を意識する保育者 98
 9.2　地域の中で子どもが育つために 107

第 10 章　多様性と包括性を意識した保育者　　113
 10.1　配慮を必要とする子どもの理解 113
 10.2　インクルーシブな保育の理解 118
 10.3　求められるインクルーシブな保育実践とは 120

第 11 章　国際的な幼児教育・保育の現状　　125
 11.1　様々な国の保育を考える － OECD の報告より－ 126
 11.2　各国の保育実践とその特徴 130

第 12 章　保育者の連携と協働　　138
 12.1　保育における連携・協働とは 138
 12.2　保育者の連携と協働の実際 142

第 13 章　保育者の専門職的成長　　150
 13.1　保育者の専門職的成長とは 150
 13.2　専門職的成長にとって大切なこととは 156

第 14 章　保育者に求められる資質や専門性　　165
 14.1　法令上における保育者の専門性 165
 14.2　これからの保育に求められる保育者の専門性 170
 14.3　保育者の専門性を高めるために 172

第1章
保育とは、保育者とは

この章で学ぶこと

✿ 保育とは何かを把握する。
✿ 保育者とは何をする人か理解する。
✿ 子どもにとっての保育者の存在を理解する。
✿ 保育者になる自覚をもつ。

　今このページを開いているみなさんにも子ども時代がありました。幼稚園や保育園ではどのように過ごし、どのようなことが楽しく、どのようなことが嫌でしたか？　そんな気持ちをわかってくれる人はいましたか？

　みなさんが保育者になるなら、子どもにとってどのような人でありたいでしょうか。この章では、まずは「保育」や「保育者」について学んでみましょう。

1.1　保育とは

　保育という言葉は、今ではよく耳にする言葉です。最近は待機児童の問題で「保活」という言葉が生まれたほど、保育施設探しは親にとって切実です。現在、就学

前の子どもが保護者から離れて過ごす保育施設は、幼稚園、保育園の他に、認定こども園や小規模保育事業所など、様々あります。いずれの場所でも、「保育」が行われていますがそもそも「保育」とは何でしょうか。

1.1.1　保育という言葉

「保育」という言葉は、日本独自の言葉で明治になってから作られたといわれています。保育学用語辞典（野澤祥子, 2019）には、「保育という語は、幼稚園における教育を示すものとして、東京女子師範学校附属幼稚園の設立に伴って用いられた。その後、幼稚園か保育所かにかかわらず、小学校以降の教育とは異なる、幼児期の特性を踏まえた『世話と教育』を表すものとして使われるようになった」とあります。

幼稚園教育から始まった「保育」という言葉は、現在も保育施設ごとで基本とする法律に取り込まれています。

(1) 幼稚園：学校教育法第22条において「幼稚園は、義務教育及びその後の教育の基礎を培うものとして、幼児を保育し、幼児の健やかな成長のために適当な環境を与えて、その心身の発達を助長することを目的とする」とあります。

(2) 保育園（保育所）：児童福祉法第39条において「保育所は、保育を必要とする乳児・幼児を日々保護者の下から通わせて保育を行うことを目的とする施設とする」とあります。また、同じく第6条の3第7項では、保育について養護及び教育を行うことをいうと説明しています。

(3) 認定こども園：就学前の子どもに関する教育、保育等の総合的な提供の推進に関する法律（認定こども園法）第2条9項において、「この法律において『保育』とは、児童福祉法第6条の3第7項に規定する保育をいう」とあり、上記保育園と同じく、養護及び教育を行うことを保育としています。

（下線部筆者）

このように、子どもを預かって集団で過ごす施設においては、すべて保育という言葉が使われています。

1.1.2　保育の意味

それでは、保育とはどのような内容を指すのでしょうか。先の保育学用語辞典では「小学校以降の教育とは異なる、幼児期の特性を踏まえた『世話と教育』を表すもの」とありました。特に保育園や認定こども園は、0歳の赤ちゃんから通う保育施設であるため、子どもの保護や世話などケアの要素は欠かせません。

保育所保育指針（厚生労働省, 2017）では、「保育所における保育は、養護及び教育を一体的に行うことをその特性とする」とした上で、「保育における「養護」と

は、子どもの生命の保持及び情緒の安定を図るために保育士等が行う援助や関わりであり、『教育』とは、子どもが健やかに成長し、その活動がより豊かに展開されるための発達の援助である」と説明しています。保育は、単に世話だけではなく、子どもの命を守り細やかに関わることで、子どもが安心し、安定して成長・発達できるように助ける営みです。そして子どもは、自分への丁寧な関わりを通して、自分や相手の気持ちに気づいたり、言葉を知ったり、様々な環境に興味をもったりするなど、やがて社会の中で適応して生きていく基本的な力を身につけていくことができるのです。

　よく、「保育園は保育で、幼稚園は教育だよね」と思われがちですが、「近代幼児教育の父」と称される倉橋惣三（1882-1955）は著書「幼稚園真諦」の中で「幼稚園の保育は、教育のいろいろな種類の中でも（中略）対象本位に、計画されていくべきである」とし、「幼稚園保育」における「保育方法」や「保育案」について述べています。先述したように、現在も幼稚園は学校教育法において幼児を保育し、心身の発達を助長する目的が定められています。そのため、保育園か幼稚園かにかかわらず、就学前の子どもが親から離れて過ごす施設の中で子どもが大人の助けを得ながら育っていくところに保育があり、同時に教育が行われています。

　子どもの育ちには、子ども自身が主体的に環境に関わって遊ぶことが重要ですが、この点については後の章で詳しく学んでいきましょう。

こんなとき、どうする？

　保育所に通う3歳児のまりちゃんは、5月になってから毎日、園庭に出るとすぐに桜の木の下にしゃがみこんで、じっと木の根元を見つめるようになりました。まりちゃんの見つめる先にはアリの行列がいます。アリの行列が進む先にはアリの巣があります。アリの巣は桜の根元の小さな洞（うろ）の中に作られています。巣からは砂を持ったアリがせっせと洞を埋めています。

　ちょうど1週間くらいたったある日、とうとう洞はアリの運んだ砂で埋まりました。それを見たまりちゃんは、突然手で洞の砂を掻き出しました。すると巣は壊れて、数十匹のアリが一

原画提供：筆者（神谷）

斉に外に溢れ出し、10匹ほどのアリはまりちゃんの靴の上に乗ってきました。まり

ちゃんは、アリを靴から振り落としたかと思うと地面に落ちたアリを踏みつぶし始めました。さて、こんな時あなたならどうしますか？

次の項では、保育者について学んでいきますが、保育は1人では成り立たず、常に子どもの視点と保育者の視点をもつことが大切です。

1.2 保育者とは

1.2.1 専門職としての保育者

保育者とは、幼稚園・保育園・認定こども園などでの保育施設で、子どもが健全に成長・発達していくように導き、援助や配慮を通して子どもと関わる専門職の総称です。簡単にいえば、保育施設で保育をする人の総称です。詳しくは後の章で学びますが、保育施設によって幼稚園教諭、保育士、保育教諭と呼称が異なるため、保育者として総称しているのです。

みなさんが保育者論を学ぶということは、いずれ幼稚園、保育園、認定こども園などで勤務する時に、共通して必要な知識や心構えを学び、「子どもの専門家」としての自覚を身につけるためでもあります。

1.2.2 子どもにとっての保育者

子どもにとって保育者は自分の先生です。みなさんは子どもの時、保育者とおしゃべりしたり、一緒に遊んだり、手をつないだりして嬉しかった経験はないでしょうか。しかし、大人になるとその頃のことを忘れて、子どもにとって自分がどのような存在であるのかに意識が向かなくなる時があります。倉橋（1936）は、『育ての心（上）』の中で「廊下で」と題して次の一節を記しています。

> 　泣いている子がある。涙は拭いてやる。泣いてはいけないという。なぜ泣くのと尋ねる。弱虫ねえという。……随分いろいろのことはいいもし、してやりもするが、ただ一つしてやらないことがある。泣かずにいられない心もちへの共感である。
> 　お世話になる先生、お手数をかける先生、それは有り難い先生である。しかし有り難い先生よりも、もっとほしいのはうれしい先生である。そのうれしい先生はその時々の心もちに共感してくれる先生である。
> 　泣いている子を取り囲んで、子どもが立っている。何にもしない。何にもいわない。ただ さも悲しそうな顔をして、友だちの泣いている顔を見ている。なかには何だ

かわけも分からず、自分も泣きそうになっている子さえいる。
出典：倉橋惣三（2008）廊下で．津守真・森上史郎（編）．育ての心（上）．フレーベル館．35．

　倉橋は、子どもが保育者に求めることとして「今」の「心もち」に気づいて共感してほしいことを説いています。「心もち」とは、物事を見聞きし、何かを感じ取った心の状態です（広辞苑第六版）。第1節の「こんなとき、どうする？」を思い出してみましょう。

　みなさんは、アリの巣を見つけてからアリを踏みつぶすまで、その時々のまりちゃんの心持ちに目を向けられたでしょうか。まりちゃんにとって、「うれしい人」とは、どのような人でしょう。もしかしたら、ただ隣に座って一緒にアリを見てくれる人かもしれません。または、「面白いね」と感じていることを言葉にしてくれる人かもしれません。それは、まりちゃんが巣を壊してアリを踏みつぶした時も同じです。

　保育者から見れば、子どもの行為は時に残酷に見えます。「どうしてそんなことをするの」と理由を聞きがちにもなるでしょう。でも、この時のまりちゃんにとって「うれしい人」は、きっと自分と同じようにアリを靴から追い払ってくれ、まりちゃんを安全な場所に連れて行ってから「びっくりしたね」など、まりちゃんがアリを踏まずにはいられなかった心持ちに共感してくれる人だと思います。そして、その後に「踏んだら可哀そうだね」など保育者が感じていることも話してくれたら、まりちゃんは少しずつアリも生きていることに気づいていくことでしょう。子どもは生まれた時から私たち大人のように社会のルールや物事の善悪を知っているわけではありません。保育の営みの中では、時に命の尊さも教えていくことが必要ですが、それはその子にとって、保育者が自分の心持ちを大切にしてくれる「うれしい人」である時に可能となり、保育者の話をよく聞いて、学ぼうとします。

こんなとき、どうする？

　3カ月後に子どもが生まれる人がいて、このようなことをあなたに相談してきました。「仕事を続けたいから、子どもを預かってくれるところを探しているんだけど、どこがいいのかな。いつから預けられるんだろう。幼稚園と保育園って何が違うの？　先生は子どものこと、大事にしてくれるかなぁ。」

　あなたは上記の相談にすべて答えられますか？　保育は保護者、子ども、保育者や職員、保育施設という機関、国や市町のシステム等で成り立っています。

これからの章には、社会的な保育の需要や制度、子どもの権利や子どもの遊び、保育者の役割や職務内容など、保育者として必要な様々なことが載っています。それらを1つずつ知ることで、徐々に専門性を備えた保育者に近づいていくことができます。最後の章にたどり着いた時、先の質問にもすべて応えられることでしょう。

インクルーシブの視点から

「共に育つ」

現在、保育施設に通う子どもの中には、外国籍の子ども、身体や精神に障害のある子どももいます。さらには、子どもの育つ家庭環境として、保護者自身の疾病や障害、LGBTQ+の婚姻関係、ひとり親世帯、里親など、必ずしも両親が共に健康で血のつながりがあるとは限りません。その他にも、貧困や不適切な養育の傾向のある家庭、中には虐待も隠れている可能性があります。しかし、子どもの命は、国籍や心身の健康状態、家庭環境によって差別されるものではなく、どの子の存在も唯一無二の大切な命です。どのような障害があろうと、どのような家庭環境であろうと、どの子も今を生き、これからを生きていく意味において等しいのです。目の悪い人が眼鏡やコンタクトで不便さを補えるように、歩くのが不自由な人が車いすを使って困難さを改善できるように、様々な困難さを抱えている子どもや保護者に対して、個別の援助や配慮を通して「共に育つ」意識が大切です。

集団に馴染めず、集団での行動が苦手で最も困っているのは保育者ではなく、その子自身です。様々な特性の子どもたちと共に保育者自身を含めたクラスの中で、互いに育ち合うインクルーシブの視点からも専門職としての学びを深めていきましょう。

保育の道しるべ

筆者が母になって間もなく、2歳に満たない息子と暖かな小道を歩いていた時のことです。彼はふと振り返り、今来た道を戻って帰ってきたかと思うと、小さな手を差し出して、こう言いました。「ママ、これあげる。ママのすきなはなだから」。手には1本のシロツメクサの花を握りしめていました。その時筆者は「どうして、私の好きな花を知っているのだろう」、そして、「どうしてこんなに小さな子が人のために道を戻れるのだろう」と驚きました。もちろん、母としては、我が子に花をプレゼントされて嬉しさで胸がいっぱいでした。川田（2019）は、「主体性の四つのかたち」として、〈してもらう〉〈する〉〈してあげる〉〈させてあげる〉を示しています。〈してあげる〉は、人にモノを渡す、ぬいぐるみを寝かすなど、1〜2歳で現れるといわれているため、シロツメクサを母のために摘むのは、特別ではないのですね。

子どもは、どんなに幼くとも刻々と流れる時の中で何かを感じ、何かを学び、しだいに自

分と同じように他者のことを気遣えるようになるのです。このような子どもの姿は、日々の保育の中でも見られます。たとえば、1〜2歳児クラスでは、誰かが泣いていると頭をそっとなでたり、誰かが転ぶと心配そうに「大丈夫？」と声をかけたりします。そのような姿は微笑ましくもあり、優しい気持ちが育ってくれたと、嬉しい気持ちになります。

　川田（2019）は、「主体性の四つのかたち」は〈してもらう〉が出発点であり、この時に他者が自分にしてくれることを自分ごととして一体的に経験している可能性があると述べています。大切なことは、子どもに「思いやりのある子に育ってほしい」「人の話をよく聞ける子になってほしい」と望む前に、どれだけ保育者が温かな思いをもって目の前の子どもと関わり、その子の気持ちを代弁し、その子の話を聴いたり、言葉にならない思いを汲み取ったりして、その子自身を人として大切にできるかということだと思います。

原画提供：筆者（神谷）

　子どもは、大好きな保育者を通して、その人の内面までも真似しながら自分の中に取り込み、応用していきます。保育者も日々の保育に欠かせない大切な存在です。まずは保育者を目指すみなさん自身が自分を大切にしながら、0歳から就学前の子どもたちにとって、かけがえのない存在となるよう、必要な知識や心構えを学んでいただけたら幸いです。

考えてみよう！

- 保育とは何かと問われたら何と答えるか、自分なりにまとめてみましょう。
- 子どもにとって、どのような保育者でありたいか書き出してみましょう。
- 保育者になるために、これから自分に必要だと思うことを具体的にまとめてみましょう。

引用文献・参考文献

川田学（2019）保育的発達論のはじまり個人を尊重しつつ、「つながり」を育むいとなみへ. ひとなる書房. 80–88.

厚生労働省(編)（2017）保育所保育指針. フレーベル館

倉橋惣三（2008）倉橋惣蔵文庫③. 津守真・森上史郎(編). 育ての心（上）. フレーベル館. 35.

倉橋惣三（2008）倉橋惣蔵文庫①. 柴崎正行(解説), 津守真・森上史郎(編). 幼稚園真諦. フレーベル館. 17.

新村出(編)（2018）広辞苑第七版. 岩波新書. 1048.

野澤祥子（2019）保育. 秋田喜代美(監修), 東京大学大学院教育学研究科付属発達保育実践政策学センター(編著). 保育学用語辞典. 中央法規出版. 4.

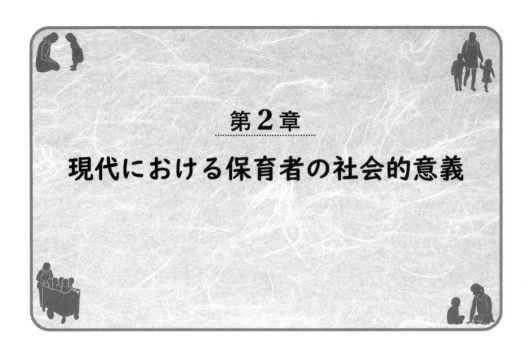

第 2 章
現代における保育者の社会的意義

この章で学ぶこと

✿ 子ども・家族をめぐる環境の変化について理解する。
✿ 保育制度の現状と保育（者）に向けられるまなざしについて理解する。
✿ 現代の保育者に求められる・必要とされる事柄について理解する。

　本章では、子どもや家族の変化やその特徴について概観した上で、少子化の現状や家族の変化が保育や子育てに及ぼす影響について学びます。また、国による保育に関する動向（こども家庭庁新設など）の整理を通して、現代の保育者に期待されている役割や意義について検討します。

2.1　子ども・家庭の変化

2.1.1 　🦋 子ども・家族の現状

　現在の日本は少子高齢化社会です。令和5年9月に厚生労働省が発表した「令和4年（2022）人口動態統計（確定数）」によると、出生数は77万759人で、明治32年の人口動態統計開始以来最小となったことがわかりました。加えて、合計特殊出

生率についても 1.26 で前年の 1.30 よりも減少・低下しており、これも過去最低となりました（厚生労働省, 2022）。また、内閣府によると今後の人口の推移（2020 年時点を境とした実績値と推計値）は、以下の図 2.1 のように示されています。

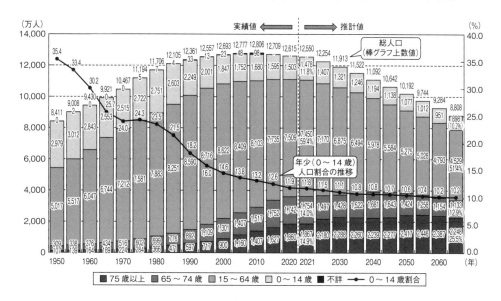

図 2.1 少子化をめぐる現状と推移

出典：内閣府（2022）令和 3 年度少子化の状況及び少子化への対処施策の概況（令和 4 年版少子化社会対策白書）.2.

　図 2.1 に示すように、65 歳以上が全人口の 3 割から 5 割に増加へと推移していく一方で、0〜14 歳の割合は 1 割程度と試算されていることがわかります。「少子化の加速が止まらない」という言葉は、保育に関わらない人にとっても日常的に聞くようになっています。

　また、家族という視点からも大きな変化が見て取れます。図 2.2 に示すように、「単身世帯」と「夫婦のみの世帯」がそれぞれ 3 割程度となり、約 2 割が「親と未婚の子のみの世帯」、「三世代世帯」が 1 割となっています。特に変化が顕著と思われるのが「単独世帯の増加」と「三世代世帯の減少」であり、「三世代世帯」は 2000 年頃から徐々に減少しています。そして、子育てをしている世帯が属すると考えられるのが、「親と未婚の子のみの世帯」、「三世代世帯」そして「その他の世帯（ひとり親世帯など）」です。その合計は 4 割近いものの、多くが核家族という現状も確認できます。核家族とは「夫婦のみ」、「親と未婚の子」そして「父子又は母子」を含む家族形態の 1 つです。図 2.2 からも、現在では多くの子育て世帯が「親のみで担っている」ということが予想されます。

　また、現在の子どもをめぐる大きな特徴の 1 つに「外国にルーツをもつ子どもの増加」があります。就労目的で来日する、ニューカマーと呼ばれる労働者の方やその子ども、国際結婚などで日本に滞在する方やその子どもなど、居住する地域に差

はあるものの現在の学校教育や保育の重要な課題であるといえます。

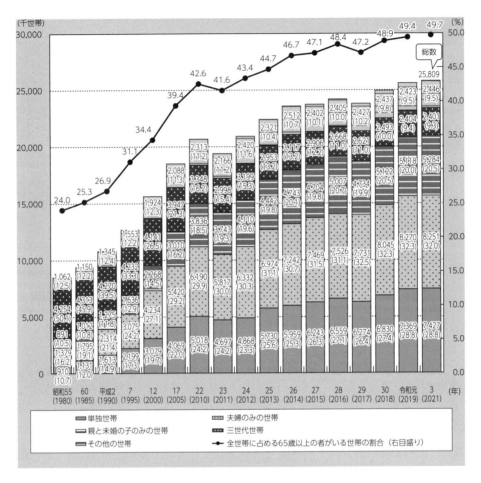

図 2.2　世帯構造別世帯数
出典：内閣府（2023）令和5年版高齢社会白書．9．

2.1.2 🌱 保育への影響：子育ての社会化へ

　それでは、少子化や家族の形が変容することは保育や子育てにどのように関係するのでしょうか。一昔前は、祖父母と同居することや「長男（とその妻）が家を継ぐ」といういわば「直系家族制」が多かったと考えられます。直系家族制においては、長男（夫婦）は親の財産等が優先的に配分され、かつ親族も比較的近隣に住んでいることなどが多くありました。このような状況が長期間維持されることで、地域全体が「昔からの（世代を超えた）知り合い同士」といった、一種の共同体として機能するようになります。直系家族制は、「子育て経験者」である自分たちの親や親族が近くにいることで、家庭での養育や子育てに関する情報を得ることができるだけでなく、突発的な状況で一定時間子どもを見てもらう、子どもの迎えをお願いするなど多様な支援も期待できるという点が特徴です。直系家族制を基盤とした

地域の人間関係は気心の知れた大人が周囲にいることを特徴とし、新たに親となった者にとって、周囲の大人や親と関わりながら、親であることの役割取得や親として社会化されます。いわば、ジョージ・ハーバード・ミード（G.H. Mead）の「重要な他者（significant other）」が周囲にいることを意味しています（船津，2000）。

現在は、結婚する者それぞれが生まれた地域を離れ、新しい場所で夫婦または親になる、いわゆる核家族という形が一般的といえます。核家族は家族の構成員が比較的少ないことから、自律性が高い、自由な地域移動が可能、個人の欲求が志向されるなど、直系家族制とは異なる特徴を有しています。ただ、親しい人が近隣に住んでいたからこそ機能していたと思われる支援や援助を失う可能性が高いという特徴も有しています。これまでの直系家族制のもとだと、子育てに疲弊し悩み苦しむ保護者の姿を、祖父母や近親者といった地域や家族の「誰かが見つける」ことで対応し、必要な支援が提供されてきました。一方、結婚を機に生まれ育った地域を離れ核家族となり、子育てをする場合、当該地域に知り合いや頼れる者がおらず、苦しんでいる保護者が「誰からも見つけられない」という状況に一変してしまいます。

おそらく、いつの時代も子育てに悩む保護者はおり、自分たちの子どもに対する教育や保育に不安を感じる人は多かったはずです。核家族という形が一般化している現在では、必要な支援が提供されず、危機的な状況に陥るかもしれない保護者や子どもを、社会が見つけなければならなくなります。従来、家庭内の私事として見なされた子育てが、政治や地域社会も積極的に関与・支援するべきだという公事へと転換されてきました（松木，2013；清水，2014）。このようにして、社会全体で子育てを担うことの重要性が主張されるようになったと考えられます。

その際に、これまで以上に重要な役割を果たすのが保育者です。日々子どもや保護者と関わりながら保育をするだけでなく、保護者に対する支援や助言、地域に開かれた保育施設の重要性など、現代保育者に要求される業務は多岐にわたるといえます。

こんなとき、どうする？

○保育現場で勤務する際に、保護者から「子どもを産んだことがないなら、子育ての大変さはわからない」と言われたら、あなたならどのように答えますか？
○家庭での育児や子育てに悩んでいる様子の保護者がいた場合、保育者としてどのように支援しようと思いますか（もしくはどのように聞こうと思いますか）？▶

2.2 保育制度の全国的な動向と保育者の社会的意義

本節では、保育をめぐる諸制度や全国的な動向について概観した上で、保育に対してどのような事柄が求められているのかについて学びます。

2.2.1 🦋 保育施設の制度的特徴

日本の保育施設は一般的に「幼稚園」「保育園」「認定こども園」の3施設から選択されることが多いと考えられます。もちろん認可外施設や小規模保育施設などの選択肢もありますが、就学前の教育・保育の場としてより多く利用されるのは、上記の3施設です。まず、これらの制度的違いは表2.1のようになります。

表2.1で示したように、幼稚園は文部科学省が所管する学校であり、保育園と認定こども園は2023（令和5）年3月からこども家庭庁の所管となりました。保育所は児童福祉施設、認定こども園は教育と保育を一体的に提供する施設であるという違いがあります。また、入園・入所の要件についても「保育を必要とする」という項目の有無などで違いがあります。そして、職員配置に関しても幼稚園と保育園で大きな違いがあることがわかります。保育園は、子どもの年齢によって必要とされる保育士の数が異なる一方で、幼稚園は年齢の違いで配置する幼稚園教諭の数は変わりません。なお、保育所の職員配置基準（主に「4・5歳児」と「3歳児」）が2024（令和6）年4月から、それぞれ35対1から25対1、20対1から15対1へ改善されています（経過措置として当分の間は従前の基準での運営も可能です）。なお、1歳児に関しては、2025（令和7）年度より6対1から5対1となるよう改正が進められています。

認定こども園については、幼稚園と保育園の特徴を含めた基準となっており、保育を必要としない3歳以上（1号認定）の子ども、保育を必要とする3歳以上（2号認定）の子ども、そして保育を必要とする0〜3歳未満（3号認定）の子どもが対象となります。

そして、幼稚園、保育園、認定こども園それぞれ、2017（平成29）年に改訂（改定）され、翌2018（平成30）年4月から全面実施された「幼稚園教育要領」「保育所保育指針」「幼保連携型認定こども園教育・保育要領」が教育・保育の基準となっています。ただ、幼稚園型認定こども園は幼稚園教育要領、保育所型認定こども園は保育所保育指針に基づくことが前提となっており、地方裁量型認定こども園は地域の実情にあわせて設置されることから、基準については各都道府県が条例で定めることとなります。

表 2.1 幼稚園、保育園、認定こども園の基準の違い

項目	保育園	幼稚園	認定こども園
所管省庁	こども家庭庁	文部科学省	こども家庭庁
根拠法令	児童福祉法	学校教育法	就学前のこどもに関する教育、保育等の総合的な提供の推進に関する法律
目的	日々保護者の委託を受けて、保育を必要とするその乳児又は幼児を保育すること	義務教育及びその後の教育の基礎を培うものとして、幼児を保育し、幼児の健やかな成長のために適当な環境を与えて、その心身の発達を助長すること	幼稚園及び保育所等における小学校就学前のこどもに対する教育及び保育並びに保護者に対する子育て支援を総合的に提供
機能	保護者の就労等により保育を必要とする乳児又は幼児、その他の児童を保育する児童福祉施設	満3歳から小学校就学の始期に達するまでの幼児を対象に教育を行う学校	保育の必要の有無にかかわらず教育・保育を一体的に行う施設。すべての子育て家庭を対象に相談等の支援を提供する施設
保育・教育内容の基準	保育所保育指針	幼稚園教育要領	幼保連携型認定こども園教育・保育要領
対象	保育を必要とする0歳から就学前までの児童	満3歳から小学校就学の始期に達するまでの幼児	0歳から小学校就学までの児童（3歳未満は保育を必要とする児童）
1日の保育・教育時間	8時間保育、11時間開所が原則（延長・休日・一時保育など）	標準4時間、年間39週を下回らない（預かり保育あり）	保護者の就労状況等地域の実情によって異なる（4時間から8時間）
入所・入園の手続き	市と保護者の契約	市又は設置者と保護者の契約	設置者と保護者の契約、ただし保育の認定は市が行う
職員配置	0歳児：3人につき1人 1～2歳児：6人につき1人 3歳児：15人につき1人 4～5歳児：25人につき1人	1学級35人以下 各学級ごとに専任教員1人	保育園または幼稚園に準ずる

筆者作成

2.2.2 🦋 子ども・子育て支援新制度と幼児教育・保育の無償化

　少子化（それによる人口減少）に歯止めが利かない状況が進むと同時に、保育をめぐる1つの問題に「待機児童」がありました。厚生労働省（2017）によると、待機児童とは「保育の必要性の認定（2号又は3号）がされ、特定教育・保育施設（認定こども園の幼稚園機能部分及び幼稚園を除く。）又は特定地域型保育事業の利用の申込がされているが、利用していないもの」と定義されています。待機児童の数は大きく報道されることもあり、これまで保育をめぐる社会問題となってきました。毎年4月時点と10月時点の待機児童数が公表され、4月に算出された待機児童数が10月時点では大幅に増加することが常態化するようになっていました。

　これまでも待機児童対策はされてきたものの、期待されるほどの効果は限定的でした。そこで、国は保育の受け皿確保・待機児童解消や保育・子育ての充実を図る政策として、2012（平成24）年に「子ども子育て支援法」や「就学前の子どもに関する教育、保育等の総合的な提供の推進に関する法律の一部を改正する法律」などを改正した上で、2015（平成27）年に「子ども・子育て支援新制度」をスタートさせました。この制度は解消しない待機児童解消への対応、認定こども園の普及、地域での子育て支援の充実などといった、「支援の量的拡充」と「支援の質的向上」を目的として始められました。市町村による地域の保育ニーズの把握や多様な子育て支援事業の充実などによる待機児童解消に向けた対策、企業などによる保育への参入の促進、そしてこれまでは公的支援が不足していた小規模保育や放課後児童クラブなど小学生を対象とした支援の充実を図るなど、抜本的な改革が進められました。

　また、2019（令和元）年に消費税増税を財源として「幼児教育・保育の無償化」が始まりました。無償化の対象と内容については、下の表2.2に示します。

表 2.2　無償化の対象と内容
出典：内閣府・文部科学省・厚生労働省（2019）幼児教育・保育の無償化について．より筆者作成

項目	0～2歳	3～5歳
無償化の対象	住民税非課税世帯	すべての世帯
無償化の対象外	通園送迎日、食材、行事等	
幼稚園での一時預かり	－	月額最大1.13万円分
認可外保育施設利用時	月額最大4.2万円分	月額最大3.7万円分

　上の表2.2の通り、無償化の対象は3～5歳の幼児すべてであり世帯の所得による制限は設定されていません。一方で0～2歳については「住民税非課税世帯」を対象とするなど、年齢により対象の違いがあります。無償化といっても、世帯負担がす

べてなくなるということではなく、園バスなどの通園送迎費、食材（世帯によっては免除）、行事等は保護者負担となっていますが、従来負担していた総額からは大幅に軽減されることとなりました。そして、幼稚園での預かり保育に対する利用料の補助（月額最大 1.13 万円分が無償）や認可外保育施設（一般的な認可外保育施設に加えて地方自治体独自の認証保育施設やベビーシッター、事業所内保育施設等）を利用する場合には、3〜5 歳までは月額最大 3.7 万円分、0〜2 才（住民税非課税世帯が対象）までは月額最大 4.2 万円分が無償となるよう設計され、導入されました。さらに、障害児の発達支援（医療型児童発達支援、居宅訪問型児童発達支援、福祉型障害児入所施設等）を利用する場合は、3 歳から小学校入学までの 3 年間、保育施設と併用する場合は両方とも無料となり、利用料以外の費用（医療費や食材料費）は保護者負担となります。

　待機児童の解消、多様化する保育ニーズへの対応といった課題に対応するために、認定こども園の普及や財政支援等の政策を進行させることで、国は保育が直面する課題に対応してきたといえます。1 つの課題とされた待機児童数は、2023（令和 5）年 4 月時点では、以下の図 2.3 のように推移してきました。

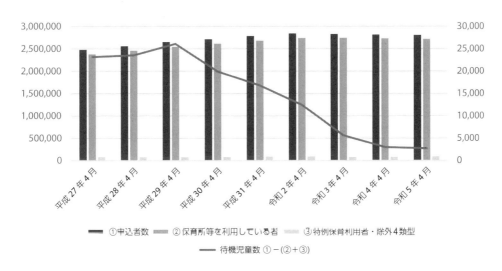

図 2.3 保育所利用者数と待機児童数の推移
出典：こども家庭庁（2023）令和 5 年 4 月の待機児童数調査のポイント p.29 より筆者作成

　図 2.3 の待機児童数は、保育所等の利用申込者数（図内表記①）から、実際に保育所等を利用している人数（同②）と幼稚園における教育時間終了後の活動や企業主導型保育事業等の特例保育等の利用、及び育児休業中や求職活動中などいわゆる除外 4 類型に該当する者（同③）を除いた数となります。子ども・子育て支援新制度が導入された 2015（平成 27）年時点では 2 万人を超えていた待機児童数が、2023（令和 5）年 4 月時点では、2,680 人となっており、その時と比べて劇的に減少していることがわかります。

2.2.3 🦋 こども家庭庁

　ここ数年の保育をめぐる国の動向として大きなものが、「こども家庭庁」の発足です。「こども家庭庁」は少子高齢化による人口減少に歯止めが利かない状況や貧困問題、児童虐待、親の子育て負担の増加など課題が山積し、抜本的な対策が求められる中で、子どもの成長を後押しするために、2023（令和5）年4月1日、内閣府に創設されました。また、これに先立って、「こども家庭庁設置法」と「こども基本法」が2022（令和4）年6月に成立しています。もともと、子どもに関する支援や政策は文部科学省や厚生労働省、内閣府など複数の省庁により、縦割りで実施されてきましたが、そのような省庁間の垣根を超えて、各省庁が横断的に連携しながら子どもを中心に考えた支援や対策を実行できるように「こども家庭庁」は創設されました。子ども政策の司令塔として「こどもまんなか社会の実現」を最重要課題として掲げ、総理大臣直属の機関である内閣府の外局として位置づけられています。そして、「子どもの権利」の保障を明記した「こども基本法」に基づいて、子ども政策を推し進めていくために、表2.3のような方向性と理念を掲げています。

表 2.3　こども家庭庁が目指す方向性と理念等

出典：こども家庭庁（2021）こども政策の新たな推進体制に関する基本方針（令和3年12月21日閣議決定）より筆者作成

目指す方向性	1. こどもまんなか社会の実現に向けて専一に取り組む独立した行政組織と専任の大臣が必要である。 2. こどもが、自立した個人としてひとしく健やかに成長することができる社会の実現に向けてこどもと家庭の福祉の増進・保険の向上等の支援、子どもの権利利益の擁護を任務とする。 3. こどもにとって必要不可欠な教育は文部科学省の下で充実。子ども家庭庁と文部科学省が密接に連携。
基本理念	1. こどもの視点、子育て当事者の視点に立った政策立案 2. 全てのこどもの健やかな成長、Well-being の向上 3. 誰一人取り残さず、抜け落ちることのない支援 4. こどもや家庭が抱える様々な複合する課題に対し、制度や組織による縦割りの壁、年齢の壁を克服した切れ目ない包括的な支援 5. 待ちの支援から、予防的な関わりを強化するとともに、必要なこども・家庭に支援が確実に届くようプッシュ型支援、アウトリーチ型支援に転換 6. データ・統計を活用したエビデンスに基づく政策立案、PDCAサイクル（評価・改善）
3つの柱 （こども政策に係る新たな大綱）	1. ライフステージごとに希望が持てる社会を目指す。 2. 全てのこどもに安全・安心な環境を提供する。 3. 全てのこどもの健やかな成長を保障する。

「こども家庭庁」は就学前の乳幼児だけでなく、すべての子どもまたは子育てをしている人の視点に立った政策を作ることを特徴としていて、子どもが安全・安心に過ごせることや大人がよりよい状態で子育てに取り組むことができるよう求められています。「こども家庭庁」は「長官官房（企画立案・総合調整部門）」「成育局」「支援局」の3つの部門に別れています。「長官官房（企画立案・総合調整部門）」は、子どもや若者、子育てをしている当事者の意見を聴き、子ども政策に関する企画や取り組みを主体的に実施する部門です。デジタル庁と連携してデータ・統計分析など行うことで、必要な支援や実践の立案と提供、プッシュ型支援を実施するための基盤整備等に取り組みます。

「成育局」は、妊娠・出産の支援、母子保健、成育医療、就学前のすべての子どもの育ちを保障するための支援を提供する部門です。幼稚園や保育園などの保育施設に関する保育内容を策定するのも成育局の業務となります。また、子どもに関する相談窓口や情報提供、放課後児童クラブ等といった、子どもの居場所作りにも取り組むこととなっています。

そして「支援局」は、様々な困難を抱える子どもや家庭に対する、年齢や制度の壁を克服した切れ目のない包括的支援を提供する部門です。また、児童虐待防止法の強化、社会的養護の充実及び自立支援、子どもの貧困対策、ひとり親家庭の支援、文部科学省と連携したいじめ防止に関する施策の推進なども行います。

これまで、各省庁の連携が不十分なまま取り組まれてきた保育・福祉政策が「こども家庭庁」によって、各省庁及び関係機関や団体と連携することで、子どもから子育てをしている家庭まで、幅広く支援することが期待されています。そして、日常的に子どもと関わる保育者は、国が推進しようとする「こどもまんなか」を目指す実践主体であると考えられます。

2.2.4 現代保育者の社会的意義

上述のように、保育や福祉をめぐる国の動向として、全国的なレベルで法整備がされ、新しい省庁が創設されるなど大きな変化がありました。認定こども園の普及やそれによる保育の受け皿の確保が進み、現在では待機児童の問題が改善されたようにもみえます。変動する社会やそれに対応するために施行される法律や制度など、保育をめぐる状況が厳しいということは、周知の通りです。このような状況において、現場に勤務する保育者は大変な思いをしているのも事実です。ただ、国や関係機関が積極的に保育や子育て支援に取り組むよう制度的枠組みを整理したことは意義があるともいえ、保育者のみが保育を担わなければならないという状況は改善されることが期待されます。

現代の保育者は、子どもの育ちを「デザインする」ことが求められ、その「デザイン」とは、その日の保育活動をどのように展開するか、どのように計画立案をするかということだけに留まりません。もちろん、具体的な保育実践やよい計画を立案することは重要な保育者の資質能力の1つです。ただ、子どもの育ちを「デザインする」とは、保育施設での保育だけでなく、各制度のもとで関係機関との連携を通して実施されるはずです。多様な支援機関や制度的側面が、どのような子どもに必要とされるのか、保育者は熟知していることが求められるのではないでしょうか。子どもの「これまで」を理解し、子どもの「これから」を願い、「目の前」の保育に数年間にわたり従事するという営みは、およそ他の職業では経験できないことです。現在、保育を学んでいる方には、現代の子どもや家族がどのような状況にあるのか、それに対して国や地域はどのようなまなざしを向けているのかを把握することに努めながら、保育現場で活躍してほしいと思います。

こんなとき、どうする？

関係機関（市役所の子ども課や子育て推進課、子育て支援センターなど）と連携をする時に、どのような問題や課題があると考えられるでしょうか？

インクルーシブの視点から

子育ての社会化という言葉が広く使われるようになりましたが、実践することは極めて難しいです。社会全体で子育てを担うことは、必然的にその時代の社会制度や社会構造と関係をもちます。保育者は多様な人や機関との連携を通して、子どもや保護者が社会と関係をもつ過程に立ち会うことができますし、場合によってはそうすることが期待されます。子どもや保護者が社会で孤立しないよう支援すると同時に、支援する保育者もまた、社会で孤立してはいけないということを知っていてほしいです。

保育現場において、日常的に関わる子ども（またはその保護者）に対して責任をもって保育・支援するのは、保育者としての自分なのかもしれません。時には厳しい状況や環境に直面しながら、保育業務に取り組むことが求められることもあるはずです。しかしながら、保育者が子どもや保護者を「包み込む、支える」ことだけを意味しているとは限りません。地域社会の住民であると同時に、保育者としての自分もまた、社会から「包み込まれる、支えられる」存在であるということも、重要な視点ではないでしょうか。

保育の道しるべ

アメリカの動物学者エドワード・S・モース（Edward Sylvester Morse）による1917年の著書の中に、以下のような記述（原文ママ）があります。

> 　婦人が5人いれば4人まで、子供が6人いれば5人までが、必ず赤ん坊を背負っていることは誠に著しく目につく。・・＜略＞赤ん坊が泣き叫ぶのを聞くことは、めったになく、又私はいま迄のところ、お母さんが赤ん坊に対して癇癪を起しているのを一度も見ていない。
> 　私は世界中に日本ほど赤ん坊のために尽くす国はなく、また日本の赤ん坊ほどよい赤ん坊は世界中にいないと確信する。いろいろな事柄の中で外国人筆者達が1人残らず一致することがある。それは、日本が子供達の国だということである。この国の子供達は親切に取り扱われるばかりでなく、他のいずれの国の子供達より多くの自由を持ち、その自由を濫用することはより少なく、気持ちの良い経験の、より多くの変化を持っている。赤ん坊時代にはしょっ中、お母さんなり他の人人なりの背中に乗っている。
>
> 　　　　　　　　　出典：Morse,E.S.（1970）日本その日その日 1（石川欣一，訳）．平凡社．
> Morse, E. S.（1917）．Japan Day by Day 1877,1878-79,1882-83. Houghton Mifflin Company

100年以上も前、外国人からは「日本は子どもにとって恵まれた国である」という認識をもたれていたと考えられます。この記述からは、女性がおんぶ紐などで子どもを背負い、あやしている情景がイメージできるのではないでしょうか。当然、現代において、このような光景を見ることは少なくなったのかもしれませんが、保育者を目指す人はこの「情景」から、どのようなことを感じるでしょうか。

- 保育の受け皿が拡大することは、保育現場や保育者にどのような影響をもたらすでしょうか。
- 数字上、待機児童は減少しました。この数字を保育に携わる者としてどのように解釈するべきでしょうか。また、待機児童は人権という観点ではどのような問題があると考えられますか。
- 幼児教育・保育の無償化により保護者負担が軽減されました。それは税金による支出が増えたことを意味します。それでは、税金が幼児教育や保育により多く投入されることは、保護者または保育者にとってどのような意味があるでしょうか。

❋ 引用文献・参考文献 ❋

船津衛（2000）ジョージ・H・ミード－社会的自我論の展開．東信堂．

こども家庭庁（2023）令和 5 年 4 月の待機児童数調査のポイント．https://www.cfa.go.jp/assets/contents/node/basic_page/field_ref_resources/f699fe5b-bf3d-46b1-8028-c5f450718d1a/8e86768c/20230901_policies_hoiku_torimatome_r5_01.pdf（情報取得 2023/10/15）

こども家庭庁（2021）こども政策の新たな推進体制に関する基本方針（令和 3 年 12 月 21 日閣議決定）．https://www.cfa.go.jp/assets/contents/node/basic_page/field_ref_resources/7e61aa5c-b18a-4711-85c4-c28d6822c7eb/620d14c0/20211221_policies_kihon_housin_01.pdf（情報取得 2023/8/22）

厚生労働省(編)（2017）保育所等利用待機児童数調査要領．https://www.mhlw.go.jp/file/05-Shingikai-11901000-Koyoukintoujidoukateikyoku-Soumuka/0000140763.pdf（情報取得 2023/6/26）

厚生労働省(編)（2022）令和 4 年（2022）人口動態統計（確定数）の概況．https://www.mhlw.go.jp/toukei/saikin/hw/jinkou/kakutei22/dl/02_kek.pdf（情報取得 2023/8/10）

松木洋人（2013）子育て支援の社会学：社会化のジレンマと家族の変容．新泉社．

Morse, E.S.（1917）日本その日その日（石川欣一, 訳）．平凡社東洋文庫．（Morse, E.S.（1917）. *Japan Day by Day*. New York: Houghton Mifflin Company.）

内閣府(編)（2016）子ども子育て支援新制度なるほど BOOK（平成 28 年 4 月改訂版）．https://warp.da.ndl.go.jp/info:ndljp/pid/12772297/www8.cao.go.jp/shoushi/shinseido/event/publicity/pdf/naruhodo_book_2804/a4_print.pdf（情報取得 2023/8/12）

内閣府(編)（2022）令和 3 年度少子化の状況及び少子化への対処施策の概況（令和 4 年版少子化社会対策白書）．https://www.shugiin.go.jp/internet/itdb_gian.nsf/html/gian/gian_hokoku/20220614shoshikagaiyo.pdf/$File/20220614shoshikagaiyo.pdf（情報取得 2023/9/12）

内閣府(編)（2023）令和 5 年版高齢社会白書．https://www8.cao.go.jp/kourei/whitepaper/w-2023/zenbun/05pdf_index.html（情報取得 2023/9/10）

内閣府・文部科学省・厚生労働省（2019）幼児教育・保育の無償化について．https://www.mext.go.jp/component/a_menu/education/detail/__icsFiles/afieldfile/2019/08/15/1419586-5.pdf（情報取得 2023/9/11）

清水美紀（2014）子育ての社会化は進行したか：保育者の子育て館と子育支援に関する認識に着目して．お茶の水女子大学子ども学研究紀要, 2, 65–75．

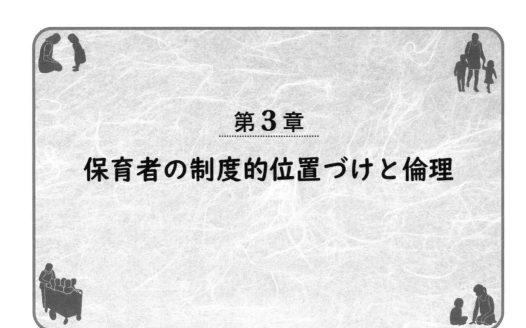

第3章
保育者の制度的位置づけと倫理

___この章で学ぶこと___

✿ 保育者になるために必要な免許・資格の取得方法について理解する。
✿ 保育者の信用失墜行為、秘密保持義務について学ぶ。
✿ 保育者としての倫理について考察する。

　保育者は、子どもと関わる専門家(プロフェッショナル)であるとよくいわれます。その保育者が法的・制度的にはどのように位置づけられているのかを学びながら、その免許・資格の在り方や責務と、保育者としての倫理について理解し、専門性について考えていきましょう。

3.1　保育者になるために

　保育者を目指す理由としては、「子どもが好き」だからと言う人は多いのではないでしょうか。しかし、いくら「子どもが好き」だと言っても、その思いだけでは保育者にはなれません。保育者になるために必要な資格・免許にはどのようなものがあるのか、確認していきましょう。

3.1.1 🎀 保育士資格の取得方法

　1948（昭和23）年の児童福祉法施行以降、同法施行令によって「児童福祉施設において、児童の保育に従事する女子」を「保母」とし、長年にわたって保母という用語が使用されてきましたが、1999（平成11）年より男女共通の名称として法的に「保育士」と改称されました。保育士資格は、2003（平成15）年から国家資格となり、都道府県知事より保育士登録証を交付されることで「保育士」として勤務することができます。児童福祉法第18条の3には、「保育士でない者は、保育士又はこれに紛らわしい名称を使用してはならない」と記されており、保育士の資格がないのに「保育士」を名乗ることは禁じられています（名称独占資格）。保育士になるには、次の2通りの方法があります。

　1つは、大学・短期大学・専門学校等の保育士養成校で所定の単位を取得し、保育士資格を取得する方法です。入学後、定められた年数の間在籍し、保育実習・施設実習を含む所定の単位（現行では、68単位以上）を修めれば、卒業と同時に保育士資格を有することができます。

　もう1つは、保育士試験に合格する方法です。保育士試験は、社団法人全国保育士養成協議会が、全国都道府県の保育士試験指定機関として全国的な規模で年2回実施しています。受験資格として、短期大学卒業程度が必要です。保育士試験では、「保育の心理学」「保育原理」「子ども家庭福祉」「社会福祉」「教育原理」「社会的養護」「子どもの保健」「子どもの食と栄養」「保育実習理論」といった9科目の筆記試験があり、音楽・造形・言語（この中から2つ選択する）などの実技試験もあります。幼稚園教諭免許状取得者が保育士試験を受験する場合には、申請すれば筆記試験の「保育の心理学」と「教育原理」、さらに実技試験が免除となります。

3.1.2 🎀 幼稚園教諭免許状の取得方法

　幼稚園の先生になるには、幼稚園教諭免許状が必要となります。教員免許状については教育職員免許法に規定されています。幼稚園教諭免許状取得に対応した教職課程のある大学・短期大学等に入学し、法令で定められた科目及び単位、教育実習を習得して卒業した後、各都道府県教育委員会に教育免許状の授与を申請すると、卒業と同時に幼稚園教諭免許状を取得することができます。

　保育士資格と異なる点は、免許状の種類があることです。幼稚園教諭免許状については、短大・大学を卒業、また大学院を修了することで、それぞれ二種免許状・一種免許状・専修免許状を取得できます。

　なお、2009（平成21）年4月から教員免許更新制が導入され、教員免許状の授与

から10年を経過すると、その年度の末日で効力が失われてしまうため、10年ごとに免許状を更新しなければなりませんでした。そのため、所定の課程による30時間以上の受講と試験による認定を受け、免許状を更新していました。しかし、講習の時間確保や費用の出費などによる教員の負担が増大したため、2022（令和4）年5月の改正教育職員免許法の成立により、2022（令和4）年7月から教員免許更新制はなくなっています。

3.1.3 保育教諭になるには

　認定こども園に勤務する保育者を、「保育教諭」といいます。ただ、「保育教諭」という資格・免許があるわけではありません。2015（平成27）年度から始まった「子ども・子育て支援新制度」により、保育教諭になるには、原則として幼稚園教諭免許状と保育士資格の両方の取得が必要となります。

　したがって、保育所と幼稚園の機能をあわせもった認定こども園で働く保育教諭にとっては、幼稚園教諭と保育士両方の要素を兼ね備えていることが必要となります。

3.1.4 信用失墜行為と秘密保持義務

(1) 信用失墜行為

　保育者は、子どもや保護者との関わりの中で信頼関係を大切にしなくてはなりません。信用をなくすことは法律上も禁止されており、保育士にとっては、「保育士の信用を傷つけるような行為をしてはならない」（児童福祉法第18条の21）とあります。また、教育職員においては、「免許状を有するものが、法令の規定に故意に違反し、又は教育職員たるにふさわしくない非行があって、その情状が重いと認められるときは、免許管理者は、その免許状をとりあげることができる」（教育職員免許法第11条の3）とあります。保育者は社会的な信頼に支えられた専門職であるということを自覚し、信用をなくすようなことをしてはならないのです。

【事例3-1】男性保育士が園児に強制わいせつ行為

　元保育士の男性が、働いていた保育所の女児にわいせつ行為をしたとして、逮捕・起訴された事案がありました。

　元保育士の男性は、真面目な働きぶりで評判の、保護者からも園児からも人気の保育士でしたが、多数の園児に同様のわいせつ行為をしていた可能性があるとして、信頼を裏切る結果になってしまいました。

> 　この事案は、被害に遭った女児の保護者からの訴えにより露見しました。保育所は、元保育士の男性が事実関係を認めたため、懲戒解雇にしたということです。
> 　その保育所では、「子どもと保育士2人だけの一対一の保育にならないようにする」「女児のおむつは女性保育士が替える」「過度な身体的接触は避ける」などのきまりを定めて対策を取っていましたが、適切な保育を徹底することができず、残念ながら防げませんでした。

　こうした事案はたびたび新聞やテレビなどで報道されていますが、特に保育士の信用を著しく傷つけることにつながっています。

(2) 秘密保持義務

　保育者には、秘密保持の義務が課せられています。児童福祉法では、「保育士は、正当な理由がなく、その業務に関して知り得た人の秘密をもらしてはならない。保育士でなくなった後においても、同様とする」（児童福祉法第18条の22）と規定されています。守秘義務違反は信用失墜行為でもあり、保育者にとって常に最新の注意を払い、守らなければならない義務となります。

> **【事例3-2】個人情報をうっかり漏らす**
>
> 　保育者になって5年目のA保育者は、久しぶりに養成校時代の同級生で別の園に就職しているB保育者とファミリーレストランで食事をすることになりました。その際、ついつい自園の子どもに発達障害に関する診断の結果がでたことを実名のままB保育者に話してしまいました。それをたまたま近くの席で食事をしていた、A保育者が務める園の保護者が聞いていて大問題になりました。

　A保育者には悪気はなかったかもしれませんが、子どものプライバシーに関わる問題です。個人情報を漏らすことは絶対に許されません。

こんなとき、どうする？

　あなたが保育者になった時、子どもや保護者とよりよい信頼関係を築いていくために日頃からどのようなことに気をつけていきたいですか。書き出してみましょう。

また、書き出したことをもとにみんなで話し合ってみましょう。

3.2 保育者としての倫理

　保育者は絶えず子どもにとって最もよい保育とは何かを追求し、また、専門職としての倫理に基づいた行動が求められます。保育者の倫理とは、保育の信念、目標、ねらいを実現するための規範のことで、保育者として望ましい行動、正しい行動の指針となるものです。

3.2.1　幼稚園教育要領や保育所保育指針に示された倫理

　幼稚園教育要領（文部科学省，2017）の前文には、「教育とは、教育基本法第1条に定める通り、人格の完成を目指し、平和で民主的な国家及び社会の形成者として必要な資質を備えた心身ともに健康な国民の育成を期す」という教育の目的が掲げられています。その目的を達成するためには、「自己の崇高な使命を深く自覚し、絶えず研究と修養に励み、その職責の遂行に努めなければならない（教育基本法第9条）」と示されている通り、幼稚園教諭としての使命と職責を全うする倫理観が求められます。

　また、保育所保育指針（厚生労働省，2017）「第1章総則」の「1(1) 保育所の役割エ」には、「保育所における保育士は、児童福祉法第18条の4の規定を踏まえ、保育所の役割及び機能が適切に発揮されるように、倫理観に裏付けられた専門的知識、技術及び判断をもって、子どもを保育するとともに、子どもの保護者に対する保育に関する指導を行う」と記されています。幼稚園教諭や保育士に限らず、専門職にはそれにふさわしい専門的知識と専門的技術、そして専門的倫理観を兼ね備えていることが求められています。

3.2.2　全国保育士会倫理綱領

　保育士資格の法定化に伴い、その社会的責務を心にとめて職務にあたるために、2003（平成15）年に「全国保育士会倫理綱領」が策定され、全国保育協議会と全国保育士会によって採択されました。全国保育士会倫理綱領は、保育実践における判断や基準や行動の規範となるものです。つまり、専門的倫理を明文化したものであり、保育士が遵守すべき事項を示しています。

　この綱領は、前文と、①子どもの最善の利益の尊重、②子どもの発達保障、③保護

者との協力、④プライバシーの保護、⑤チームワークと自己評価、⑥利用者の代弁、⑦地域の子育て支援、⑧専門職としての責務といった8つの条文から構成されていて、保育士の社会的使命と責務を表しています。ここでは保育士に限らず、幼稚園教諭や保育教諭を含む保育者全体に共通するものとして理解していきましょう。

次に、その前文と8つの条文について解説します。

(1)「全国保育士会倫理綱領」前文

「全国保育士会倫理綱領」の前文には、下記のように記されています。

> すべての子どもは、豊かな愛情のなかで心身ともに健やかに育てられ、自ら伸びていく無限の可能性を持っています。
> 私たちは、子どもが現在（いま）を幸せに生活し、未来（あす）を生きる力を育てる保育の仕事に誇りと責任をもって、自らの人間性と専門性の向上に努め、一人ひとりの子どもを心から尊重し、次のことを行います。
> 私たちは、子どもの育ちを支えます。
> 私たちは、保護者の子育てを支えます。
> 私たちは、子どもと子育てにやさしい社会をつくります。

前文は、すべての子どもを大切な存在と捉え、どのような視点で保育を行うかという保育者の基本姿勢を表しています。保育所に勤務する保育士及び認定こども園に勤務する保育教諭のみを対象とするのではなく、子どもの育ちに関わるすべての保育者のための倫理綱領として謳っています。

子どもは、自ら伸びていこうとする無限の可能性を備えています。保育者は、愛情をもって子どもを育て擁護すると共に、子どもの可能性を最大限に引き出せるよう援助していかなければなりません。その際、子どもを権利の主体として捉え、その人権を守ることが使命となります。

「子どもが現在（いま）を幸せに生活し、未来（あす）を生きる力を育てる」とは、1人ひとりの子どもたちの生きるその瞬間瞬間が、常に「最善」の状態となることが重要であることを表しています。子どもたちが未来にわたって幸福に生きていくための永続的な力を育むということです。

保育の仕事に対する誇りと責任、そして自らの人間性と専門性を常に磨く姿勢をもち、続く3つの事柄について実践していくことを宣言しています。

第1は、子どもの育ちを中心に考えること、第2は、その子どもの幸せのために保護者及び家庭への支援を行うこと、また、第3は、その家庭をとりまく社会への

働きかけを自らの使命・役割とすることです。これら 3 つの働きかけにより、すべての保育者が子どもを中心としながら、常に子どもと保護者に寄り添い、支えることを使命とする大切さを示しているのです。

(2)「全国保育士会倫理綱領」8 つの条文
①子どもの最善の利益の尊重

「子どもの最善の利益」については、「児童の権利に関する条約」（子どもの権利条約）第 3 条第 1 項に明記されています。この条約は 1989（平成元）年に国際連合が採択し、1994（平成 6）年に日本政府も批准しています。

「子どもの最善の利益」とは、「親やその他集団の利益といった大人の都合ではなく、子どもの立場、状況に立ち、将来的、長期的視点で子どもにとって最もよいことを中心に物事を考える配慮がなされなければならないこと」を意味しています（今井，2021）。子どもの最善の利益の尊重は、保育士としての責務のうち最も大事なことです。保育専門職である保育士は、子どもの福祉や保育・教育にとって何が最善であるかを常に考えながら職務を遂行していかなければなりません。

そのためには、子どもを 1 人の人間として尊重し、人権への配慮に気を配ることや、子ども 1 人ひとりの人格を尊重し、1 人ひとりの発達状況などに応じて援助することが求められています。さらに、子どもを取り巻く家庭や地域といった環境にも目を向ける視点も必要です。

②子どもの発達保障

保育の基本原則である、「養護と教育が一体となった保育」を通して、子どもの発達を援助することが必要となります。

そのために、日々の子どもたちとの関わりから子ども 1 人ひとりの発達状況や特徴を把握する必要があります。そのうえで、子どもにとって安全で情緒の安定した生活ができるように配慮し、乳幼児期にふさわしい経験を積み重ねていけるよう援助することが求められます。

③保護者との協力

保育所と家庭は、1 人ひとりの子どもの育ちをめぐって互いに補い合う機能をもっています。保育士は子どもの育ちを支えるために、その背景にある家庭・家族の状況や保護者の子育てに対する考えを理解し、尊重することが求められます。同時に、保育所が子どもや保育に関する情報について提供・開示を行うことで保護者と相互の理解を図らなければなりません。こうしたやり取りを通して、保護者とともに情報を共有し、子どもの発達を協働して支えていくための協力体制を築くのです。

④プライバシーの保護

　プライバシーの保護は、親子にとって私生活をみだりに公開されないという基本的な権利です。保育士は業務を通して、子どもや保護者のプライバシーに関わることを知りうる立場にあるため、その保護の重要性について十分に自覚することが大切です。知り得た情報や秘密を口外しないという守秘義務があり、各種申請書、名簿、連絡帳、写真などの親子に関する個人情報を適切に取り扱い、その漏洩や流出、悪用がないように心がけなければなりません。

　また、違反した場合、保育士の「登録を取り消し、又は期間を定めての保育士の名称の使用の停止を命ずることができる」（児童福祉法第18条の19第2項）などの罰則があります。

⑤チームワークと自己評価

　質の高い保育や子育て支援を展開するためには、保育所内外の連携、そして、実践の自己評価が必要です。そのためには、保育所内での役割分担を明確にし、職員同士の協力体制を築くことが大切となります。

　また、自己評価は自らの保育を、保育所保育指針、各保育所の全体的な計画に沿って、保育の「Plan（計画）→ Do（実践）→ Check（評価）→ Action（改善）」を繰り返すというPDCAサイクルで省察することが求められます。さらに、組織全体の営みを、同様にPDCAサイクルを活用して高めていくようにチームワークを活かして取り組んでいかなくてはなりません。

⑥利用者の代弁

　保育士は、子どもの最善の利益を第一に考え、その代弁者となることが必要です。

　子どものニーズを把握する際は、表面的な欲求だけでなく、その心情や感情などの内面を理解し、その子どもにとって、今ここで大切なことと長期的に大切なことの両面からニーズを考え、実践につなげていかなければなりません。

　また、保育所を利用する保護者や地域の子育て家庭の立場に立って子育てのニーズを代弁していく役割が保育者に求められます。

　そのためには、まずは、子どもや保護者、地域の家庭の子育てに関するニーズを的確に把握することが求められます。場合によっては、ニーズを満たすための取り組みや地域、行政、関係機関との連携や働きかけが必要となります。

⑦地域の子育て支援

　保育所は地域の子育て支援の役割を果たさなくてはならないことが保育所保育指針に示されており、その拠点となることが期待されています。

　この役割を果たすためには、まず地域の子育て家庭のニーズを把握する必要があります。さらに、地域の子育て支援の拠点として、提供できるサービスを地域の状

況にあわせて備え、地域の専門機関や地域住民と連携しながら、地域全体の保育機能を高めていく視点が重要となります。

⑧専門職としての責務

質の高い保育や子育て支援を展開するためには、保育士が自らの専門性を向上させるために自己研鑽に励まなければなりません。

そのためには、まず1人ひとりの保育士が、自己評価を通して自らの課題を明確にすることが必要です。さらに園内の研修などを通して、同僚や第三者の視点から自らの実践を評価することも求められます。また、最新の知識や技術などを学ぶために、外部の研修に参加することも専門性を高める手段となります。

以上、倫理綱領について述べてきましたが、倫理綱領が存在しても、それがただのスローガンになってしまっては意味がありません。それが実効性をもつように、保育現場において日々の保育に活かし、実践的に取り組んでいくことが大切です。

> **【事例3-3】認定こども園の保育者が1歳児に脅迫や暴言**
>
> 認定こども園に通う複数の1歳児に対して、担当の複数の保育者が心理的虐待にあたる不適切な暴言を繰り返していた事案がありました。
>
> なお、この事案の発覚により、不適切な暴言をしていた保育者と知らぬふりをして結果的に加担していた保育者が、園を自主退職しました。
>
> 具体的な暴言内容は、「こっちに来ないで、あっちに行って」「この子、ホントにムカつく」「ここにみんなの嫌いな子がいます」「この子は、泥棒です」「頭をぶっちゃうよ」「あなたにはお昼ごはんはありません」のような、残念ながら倫理意識が欠如してしまった、園児への人格否定や脅迫といったものでした。

全国保育士会倫理綱領には保育に何が求められているのかが示されているにもかかわらず、残念ながらこのような不適切な行為が行われることがあるため、これらを防止しなくてはなりません。保育者が常に倫理意識をもち、子どもの権利に対して理解していなければなりません。保育者としての倫理を守り、子どもの権利を守る意識を強くもつことが重要となります。

こんなとき、どうする？

あなたが保育者になった時、事例3-3のような不適切な保育を同僚が行っている

ことに気づいたらどうしますか。日頃、園の中で不適切な保育が行われないようにするためには何が必要でしょうか。書き出してみましょう。また、書き出したことをもとにみんなで話し合ってみましょう。

全国保育士会倫理綱領

　すべての子どもは、豊かな愛情のなかで心身ともに健やかに育てられ、自ら伸びていく無限の可能性を持っています。
　私たちは、子どもが現在（いま）を幸せに生活し、未来（あす）を生きる力を育てる保育の仕事に誇りと責任をもって、自らの人間性と専門性の向上に努め、一人ひとりの子どもを心から尊重し、次のことを行います。
　　私たちは、子どもの育ちを支えます。
　　私たちは、保護者の子育てを支えます。
　　私たちは、子どもと子育てにやさしい社会をつくります。

（子どもの最善の利益の尊重）
1. 私たちは、一人ひとりの子どもの最善の利益を第一に考え、保育を通してその福祉を積極的に増進するよう努めます。

（子どもの発達保障）
2. 私たちは、養護と教育が一体となった保育を通して、一人ひとりの子どもが心身ともに健康、安全で情緒の安定した生活ができる環境を用意し、生きる喜びと力を育むことを基本として、その健やかな育ちを支えます。

（保護者との協力）
3. 私たちは、子どもと保護者のおかれた状況や意向を受けとめ、保護者とより良い協力関係を築きながら、子どもの育ちや子育てを支えます。

（プライバシーの保護）
4. 私たちは、一人ひとりのプライバシーを保護するため、保育を通して知り得た個人の情報や秘密を守ります。

（チームワークと自己評価）
5. 私たちは、職場におけるチームワークや、関係する他の専門機関との連携を大切にします。また、自らの行う保育について、常に子どもの視点に立って自己評価を行い、保育の質の向上を図ります。

（利用者の代弁）
6. 私たちは、日々の保育や子育て支援の活動を通して子どものニーズを受け

とめ、子どもの立場に立ってそれを代弁します。また、子育てをしているすべての保護者のニーズを受けとめ、それを代弁していくことも重要な役割と考え、行動します。

（地域の子育て支援）

7．私たちは、地域の人々や関係機関とともに子育てを支援し、そのネットワークにより、地域で子どもを育てる環境づくりに努めます。

（専門職としての責務）

8．私たちは、研修や自己研鑽を通して、常に自らの人間性と専門性の向上に努め、専門職としての責務を果たします。

社会福祉法人 全国社会福祉協議会
全国保育協議会
全国保育士会
出典：全国保育士会（2016）全国保育士会倫理綱領
https://www.z-hoikushikai.com/about/siryobox/document/kouryou2016.pdf

インクルーシブの視点から

次の事例の場面について、みなさんはどのように感じますか。

事例）A児（4歳児）は、晴れた日に保育室内で、段ボールや厚紙を使って1人黙々とロボットを作っていました。他の幼児は、園庭で遊んでいます。

「集中してロボットを一生懸命作っていて感心だ」と感じたのであれば、この場面を肯定的に見ています。「なぜ、みんなと一緒にお外で遊ばないんだろう」と感じたのであれば、少し否定的に見ているかもしれません。これは、どちらの感じ方が正しい、あるいは間違っているということではなく、人の行動や関わりには常に両義的な意味合いがつきまとっていて、同じ状況（場面）を見たとしても人によって解釈は様々であるということです。背景によっても感じ方も変化し、いつも保育者のそばを離れたがらないA児であったなら、自立した姿を見て肯定的に捉えるかもしれません。また、いつも仲良し3人組で行動しているのに、その日はA児だけで活動しているとするならば「ケンカでもしたのだろうか」と心配するかもしれません。保育者を目指す上で大切なこととして、まずは物事に対し多様なものの見方、捉え方があるということを知ることではないでしょうか。それが、「子どもの最善の利益の尊

重」や「子どもの発達保障」を実現していく上で重要な、多様性を認め合うインクルーシブの視点につながっていくのではないでしょうか。

保育の道しるべ

わが国の保育実践に今でも大きな影響を与え続けている倉橋惣三は、著書『育ての心』の中で、保育者のあるべき姿について次のように述べています。

> 　子どもは心もちに生きている。その心もちを汲(く)んでくれる人、その心もちに触れてくれる人だけが、子どもにとって、有難い人、うれしい人である。
>
> 　子どもの心もちは、極めてかすかに、極めて短い。濃い心もち、久しい心もちは、誰でも見落とさない。かすかにして短き心もちを見落とさない人だけが、子どもと倶(とも)にいる人である。
>
> 　心もちは心もちである。その原因、理由とは別のことである。ましてや、その結果とは切り離されることである。多くの人が、原因や理由をたずねて、子どもの今の心もちを共感してくれない。結果がどうなるかを問うて、今の、此(こ)の、心もちを諒察(りょうさつ)してくれない。殊に先生という人がそうだ。
>
> 　その子の今の心もちにのみ、今のその子がある。
>
> 　　　　出典：倉橋惣三（1976）こころもち. 育ての心（上）. フレーベル館.（ルビ筆者）

保育者は、個を見るだけでなく集団も見ていかなくてはなりません。また、子どもの気持ちは刻々と変化していきます。日頃の保育は忙しく慌ただしいことが多いかもしれません。そのような中でいかに1人ひとりの子どもの心持ちに共感できるかどうかが、保育者としては大切なのではないでしょうか。保育者とは子どもにとってどのような存在でないといけないのかを、改めて考えてみましょう。

- 保育者を目指す上でのあなたの長所・短所はどんなところでしょうか。
- その後、その長所をどのように伸ばし、短所をどのように克服していきたいと思いますか。
- 現場の保育者は実際にどのような悩みを抱えていると思いますか。また、どのようなことにやりがいを感じていると思いますか。

❀ 引用文献・参考文献 ❀

今井康晴（2021）児童の最善の利益. 中坪史典・山下文一・松井剛太・伊藤嘉余子・立花直樹（編）. 保育・幼児教育・子ども家庭福祉辞典. ミネルヴァ書房. 10.

解説教育六法編集委員会(編)（2018）解説教育六法平成 30 年版. 三省堂
倉橋惣三（1976）こころもち. 育ての心（上）. フレーベル館. 30.
厚生労働省(編)（2017）保育所保育指針. フレーベル館. 4.
厚生労働省(編)（2018）保育所保育指針解説. フレーベル館
文部科学省(編)（2017）幼稚園教育要領. フレーベル館. 3, 24.
文部科学省(編)（2018）幼稚園教育要領解説. フレーベル館
矢藤誠慈郎・天野珠路(編)（2019）新基本シリーズ 7 保育者論. 中央法規出版
全国保育士会（2016）全国保育士会倫理綱領. https://z-hoikushikai.com/about/siryobox/document/kouryou2016.pdf （情報取得 2024/8/5）

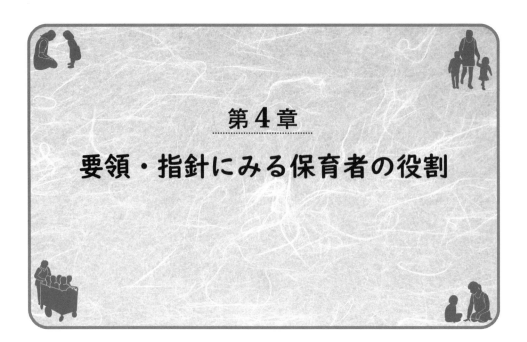

第4章
要領・指針にみる保育者の役割

この章で学ぶこと

❀ 保育者の役割を理解する。
❀ 養護及び教育の一体的展開を理解する。
❀ 生きる力の基礎とは何かを理解し、どのように育んでいくのかを学ぶ。
❀ 幼保小連携の重要性について理解する。

　本章では、保育所保育指針や幼稚園教育要領をもとに保育者の役割を概観し、保育者に求められる専門性について考えます。また、養護及び教育を一体的に行う必要性、子どもの生きる力の基礎を育む必要性について述べます。これらは、小学校以降の生活や学習の基盤となるものであり、小学校教育との接続の重要性について解説します。

4.1　保育者の役割とは

　保育所保育指針（厚生労働省, 2017）、幼稚園教育要領（文部科学省, 2017）、幼保連携型認定こども園教育・保育要領（内閣府・文部科学省・厚生労働省, 2017）などのナショナルカリキュラムは、健やかな子どもの成長を支えていくため、質の高

い保育・教育を提供していくための基本的事項等を示したものであり、保育者の役割においては、子どもの成長・発達の援助を行っていくこと、家庭や地域への支援を行うことにあります。保育者はそれぞれの実情に応じてその目標を設定し達成していくことが求められます。

4.1.1 保育所保育指針にみる保育者の役割

保育所保育指針の第1章総則に、保育所の役割について下記のように明記されています。

> ア 保育所は、児童福祉法（昭和22年法律第164号）第39条の規定に基づき、保育を必要とする子どもの保育を行い、その健全な心身の発達を図ることを目的とする児童福祉施設であり、入所する子どもの最善の利益を考慮し、その福祉を積極的に増進することに最もふさわしい生活の場でなければならない。
> イ 保育所は、その目的を達成するために、保育に関する専門性を有する職員が、家庭との緊密な連携の下に、子どもの状況や発達過程を踏まえ、保育所における環境を通して、養護及び教育を一体的に行うことを特性としている。
> ウ 保育所は、入所する子どもを保育するとともに、家庭や地域の様々な社会資源との連携を図りながら、入所する子どもの保護者に対する支援及び地域の子育て家庭に対する支援等を行う役割を担うものである。
> エ 保育所における保育士は、児童福祉法第18条の4の規定を踏まえ、保育所の役割及び機能が適切に発揮されるように、倫理観に裏付けられた専門的知識、技術及び判断をもって、子どもを保育するとともに、子どもの保護者に対する保育に関する指導を行うものであり、その職責を遂行するための専門性の向上に絶えず努めなければならない。

保育所における保育者は、児童福祉法第18条の4の規定にもあるように、「保育士の名称を用いて、専門的知識及び技術をもって、児童の保育及び児童の保護者に対する保育に関する指導を行うことを業とする者」であり、（イ）や（エ）に記載されている通り、保育者は専門性を有する職員として、子どもの保育や家庭の子育ての支援に関する専門的知識及び技術をもつことが求められます。それらは、子どもの最善の利益を考慮し、その福祉を積極的に増進するといった根底の理念のうえ支援を行うことになります。最もふさわしい生活の場を保育者は専門的知識及び技術

をもって豊かに作り上げていくのです。保育者の専門的知識及び技術に関しては、保育所保育指針解説（厚生労働省，2018）において、下記のように記載があります。これらの専門的な知識や技術が状況に応じて活かされ、さらに自己省察により保育と支援の質が高められるよう、常に専門性の向上に努めることが求められます。

---

① これからの社会に求められる資質を踏まえながら、乳幼児期の子どもの発達に関する専門的知識を基に子どもの育ちを見通し、一人一人の子どもの発達を援助する知識及び技術
② 子どもの発達過程や意欲を踏まえ、子ども自らが生活していく力を細やかに助ける生活援助の知識及び技術
③ 保育所内外の空間や様々な設備、遊具、素材等の物的環境、自然環境や人的環境を生かし、保育の環境を構成していく知識及び技術
④ 子どもの経験や興味や関心に応じて、様々な遊びを豊かに展開していくための知識及び技術
⑤ 子ども同士の関わりや子どもと保護者の関わりなどを見守り、その気持ちに寄り添いながら適宜必要な援助をしていく関係構築の知識及び技術
⑥ 保護者等への相談、助言に関する知識及び技術

（下線部筆者）

ここで注目したい点は、下線部分の「これからの社会に求められる資質」「子ども自らが生活していく力」です。保育所保育指針の保育の目標にあるように「子どもが現在を最もよく生き、望ましい未来をつくり出す力の基礎を培う」といった望ましい未来を創るためには、下線部分のような育てたい力を意識していく必要があります。それらは育みたい資質・能力や幼児期の終わりまでに育ってほしい姿（本章の第2節を参照）として共有され、工夫した援助が求められるものでもあります。

4.1.2　幼稚園教育要領にみる保育者の役割

ここでは、幼稚園教育要領や幼保連携型認定こども園教育・保育要領にみる保育者の役割も、同様に考えていきます。

「人格形成の基礎を培う」という根底の考え方を土台とし、幼児期にふさわしい生活を展開する中で人や環境と関わりながら多くの体験を通して生きていくための力を身につけていきます。幼稚園教育要領には、「教師は、幼児との信頼関係を十分に築き、幼児が身近な環境に主体的に関わり、環境との関わりや意味に気づき、これらを取り込もうとして、試行錯誤したり、考えたりするようになる幼児期の教

育における見方・考え方を生かし、幼児とともによりよい教育環境を創造するように努める」とあります。そして、子どもの活動の場面では、保育者の担う役割が極めて重要であるとして、幼稚園教育要領解説（文部科学省，2018）には下記の通り具体的な教師の役割の記載があります。いずれの項目においても、遊びのもつ意味を捉える必要があります。その場の遊びだけではなく、子どもが紡ぐ遊びの物語を理解するということです（第6章参照）。

さらに、このような役割を果たすためには、子ども1人ひとりを柔軟に受け止め、個性の理解に努める必要があります。その土台として、保育者は子どもの精神安定的なよりどころになることが重要です。子どもと生活を共にし、子どもの声に耳を傾け、同じものを見て同じように感動したり、悩んだり、挑戦したりすることで、信頼関係が築かれていきます。適切な指導というものは、その上で考えられるべきものであるといえます。

表 4.1　教師の役割
出典：幼稚園教育要領をもとに筆者作成

教育的な役割	①幼児と活動の理解者 ②幼児との共同作業者、幼児と共鳴する者 ③憧れを形成するモデル ④遊びの援助者
子どもの精神的安定のよりどころであること（信頼関係）	

4.1.3　養護及び教育の一体的展開

保育における「養護」とは、子どもの生命の保持及び情緒の安定を図るために保育士等が行う援助や関わりであり、「教育」とは、子どもが健やかに成長し、その活動がより豊かに展開されるための発達の援助のことです。「教育」といわれると「教えること」と理解している人もいるかもしれませんが、保育における「教育」とは、子ども自らの育つ力を引き出す・伸ばすための援助のことといえます。また「発達」とは、たくさん力をつけることではありません。子どもが今、興味をもって取り組む中で実現しようとしていることです。それは1人ひとり違い、取り組む過程そのものが「発達」だといえます。

養護と教育が一体的に展開するということは、保育士等が、子どもを1人の人間として尊重し、その命を守り、情緒の安定を図りつつ、乳幼児期にふさわしい経験が積み重ねていくよう丁寧な援助をすることを指します。丁寧な援助は、愛情豊かに、受容的・応答的に行われることが土台となります。保育所保育指針解説書（2018）において、「子どもは自分の存在を受け止めてもらえる保育士や友達との安定した

関係の中で、自ら環境に関わり、興味や関心を広げ、様々な活動や遊びにおいて心動かされる豊かな体験を重ねることを通して、資質・能力が育まれていく」と述べられています。たとえば次の事例を見てみましょう。

【事例 4-1】【3 歳児・2 月】「B ちゃんと遊びたいのに逃げていく」
（名古屋市立幼稚園）

> 戸外で遊んでいた A 児が「先生、B ちゃんと遊びたいのに逃げていく」と困った顔で言いに来た。そこで保育者が、A 児と共に B 児のところに行き、「B ちゃんは何しているの？」と聞くと、B 児は「えっとね、A ちゃんが走ってね、ぼくが逃げてね、あのね…」と答えた。保育者が「A ちゃんと追いかけっこをしているってこと？」と聞くと、うなずく B 児。すると A 児は「ええ？ ぼくはかくれんぼがしたいんだもん」と言った。「困ったね。どうしようかな？ そうだ！ 隠れていて見つかったら走って逃げることっていうのはどうかな？」と保育者が提案すると、2 人は「やるやる」と言って、かくれんぼ鬼ごっこが始まった。B 児と保育者が隠れると、A 児が探しに来て笑顔で「見いつけた！」と言った。B 児は再び保育者と逃げると、A 児は喜んで B 児を見つけに行った。B 児は「見つからないね」とうれしそうに保育者に言い、繰り返しかくれんぼ鬼ごっこを楽しんだ。
>
> 保育者が「A ちゃんも B ちゃんも速いねえ、一緒だね」と言うと、A 児は笑顔で大きくうなずき、B 児は「そうだよ、一番速いんだから」と笑顔で言った。

上記の事例について、養護的側面（下線）と教育的側面（下波線）に着目してみていきましょう。

A 児は、自分の思いをわかってくれるという思いから保育者を頼りにしていることがうかがえます。こうしたいという思いをうまく伝えられなかったり、したい遊びが違っていたりしましたが、保育者の仲立ちでそれぞれの思いが叶い、さらに、A 児も B 児も一生懸命走ったことを保育者に褒めてもらい、嬉しさとしたいことができた満足感をそれぞれ自分なりの「できた感」を味わえたはずです。保育者の提案は、子どもの状況をよく理解し、その時にあわせた「やってみたい」「面白そう」と心が動くものでした。また、遊びの中で保育者や友達と一緒に隠れる、探す、逃げる、追いかけるという様々な動きを楽しみ、十分に体を動かして遊ぶ楽しさを味わっています。

以上のように、何気ない日常の中に養護と教育は一体的に行われていることがわかります。保育者は両方の視点をもって関わることを忘れてはいけません。

こんなとき、どうする？

【事例4-2】【4歳児・8月】「図鑑が読みたい！」

　4歳児のI児とK児は、給食後の排泄を終え、好きな絵本を読み始めた。図鑑を見ていたI児は、廊下にいる保育者に呼ばれ、図鑑をしまって着替えに行った。その間にK児がI児の読んでいた図鑑を見始める。着替えから戻ってきたI児は、「それ僕が見ていたやつだよ！」と言って図鑑の取り合いになってしまった。

　次の日、慌てた様子でトイレにやってくるI児とK児。トイレにいた保育者は、I児に「スイカで服が汚れているから着替えよう。着替え袋持っておいで」と声をかける。「わかった」とI児。しかし、なかなか戻ってこない。部屋に呼びに行こうとすると、図鑑をもって廊下に出てくるI児。「あれ？ 着替え持っておいでよ。着替えてから絵本だよ」と声をかける。I児は「しまった」というような顔をして「はーい」といって部屋に戻り、着替えを持ってくる。そして保育者のところで着替えて、保育室へ戻っていった。

（補足）
・その日の保育者の日誌には「図鑑が取り合いになってしまうから禁止にする」と書いてあった。
・K児は食に偏りがあり、給食を残してしまうことが多い。しかし、本を読みたいために食事を早く終わらせたい（すべて食べていないが片付けてほしくて保育者を呼ぶ）という姿もあった。

あなたが上記の場面に立ち会った時、どのように対応するか書き出し、養護的側面には下線、教育的側面には波線を引いてみましょう。

4.2　生きる力の基礎を育む

「生きる力」とはどのような力を指すのでしょうか。学力のような知的な能力、やり抜く忍耐力や仲間と協働する力など目には見えず測定できない能力、どちらも必要な力といえるでしょう。特に「非認知能力」といわれる後者は、幼児期にこそ育んでいく必要性があり、それらが知的な能力を支え高めていくことになります。

子どもはもともと自らが育つ力をもっています。指針・要領には、保育者は子どもが自ら環境に関わり、その力を伸ばしていけるよう援助していくための方向性として「育みたい資質・能力」「幼児期の終わりまでに育ってほしい姿」を示しています。

4.2.1 育みたい資質・能力

保育所保育指針等に掲載している「幼児教育を行う施設として共有すべき事項」では、資質・能力を一体的に育むよう努める、とあります。

これらは、小学校以降の教育における「知識及び技能」「思考力、判断力、表現力等」「学びに向かう力、人間性等」を現段階で獲得するものではなく、幼児教育においては、その土台となる「基礎」を育むということです。これらの資質・能力は、様々な経験の中で相互に関連しあって総合的に発達していくため、遊びや生活を通しての総合的な指導の中で、一体的に育むよう努めることが重要です。

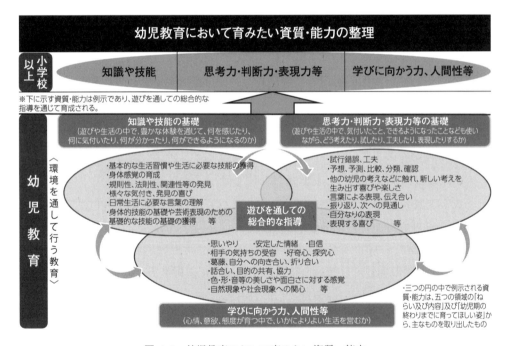

図 4.1　幼児教育において育みたい資質・能力
出典：文部科学省（2018）幼稚園、小学校、中学校、高等学校及び特別支援学校の学習指導要領等の改善及び必要な方策等について（答申）

4.2.2 幼児期の終わりまでに育ってほしい姿

幼児期の終わりまでに育ってほしい姿は、小学校就学の始期までに育まれている資質・能力を具体的な姿として示したものです。しかし、これらの姿は、到達すべき目標ではなく、個別に取り出して指導されるべきものではないということに考慮

表 4.2 幼児期の終わりまでに育ってほしい姿

出典：保育所保育指針より筆者作成

健康な心と体	幼稚園生活の中で、充実感をもって自分のやりたいことに向かって心と体を十分に働かせ、見通しをもって行動し、自ら健康で安全な生活をつくり出すようになる。	思考力の芽生え	身近な事象に積極的に関わる中で、物の性質や仕組みなどを感じ取ったり、気付いたり、考えたり、予想したり、工夫したりするなど、多様な関わりを楽しむようになる。また、友達の様々な考えに触れる中で、自分と異なる考えがあることに気付き、自ら判断したり、考え直したりするなど、新しい考えを生み出す喜びを味わいながら、自分の考えをよりよいものにするようになる。
自立心	身近な環境に主体的に関わり様々な活動を楽しむ中で、しなければならないことを自覚し、自分の力で行うために考えたり、工夫したりしながら、諦めずにやり遂げることで達成感を味わい、自信をもって行動するようになる。	自然との関わり・生命尊重	自然に触れて感動する体験を通して、自然の変化などを感じ取り、好奇心や探究心をもって考え言葉などで表現しながら、身近な事象への関心が高まるとともに、自然への愛情や畏敬の念をもつようになる。また、身近な動植物に心を動かされる中で、生命の不思議さや尊さに気付き、身近な動植物への接し方を考え、命あるものとしていたわり、大切にする気持ちをもって関わるようになる。
協同性	友達と関わる中で、互いの思いや考えなどを共有し、共通の目的の実現に向けて、考えたり、工夫したり、協力したりし、充実感をもってやり遂げるようになる。	数量や図形、標識や文字などへの関心・感覚	遊びや生活の中で、数量や図形、標識や文字などに親しむ体験を重ねたり、標識や文字の役割に気付いたりし、自らの必要感に基づきこれらを活用し、興味や関心、感覚をもつようになる。
道徳性・規範意識の芽生え	友達と様々な体験を重ねる中で、してよいことや悪いことが分かり、自分の行動を振り返ったり、友達の気持ちに共感したりし、相手の立場に立って行動するようになる。また、きまりを守る必要性が分かり、自分の気持ちを調整し、友達と折り合いをつけながら、きまりをつくったり、守ったりするようになる。	言葉による伝え合い	先生や友達と心を通わせる中で、絵本や物語などに親しみながら、豊かな言葉や表現を身につけ、経験したことや考えたことなどを言葉で伝えたり、相手の話を注意して聞いたりし、言葉による伝え合いを楽しむようになる。
社会生活との関わり	家族を大切にしようとする気持ちをもつとともに、地域の身近な人と触れ合う中で、人との様々な関わり方に気付き、相手の気持ちを考えて関わり、自分が役に立つ喜びを感じ、地域に親しみをもつようになる。また、幼稚園内外の様々な環境に関わる中で、遊びや生活に必要な情報を取り入れ、情報に基づき判断したり、情報を伝え合ったり、活用したりするなど、情報を役立てながら活動するようになるとともに、公共の施設を大切に利用するなどして、社会とのつながりなどを意識するようになる。	豊かな感性と表現	心を動かす出来事などに触れ感性を働かせる中で、様々な素材の特徴や表現の仕方などに気付き、感じたことや考えたことを自分で表現したり、友達同士で表現する過程を楽しんだりし、表現する喜びを味わい、意欲をもつようになる。

しなければなりません。1人ひとりの発達の課題はそれぞれ違い、その姿を獲得していく時期や内容もそれぞれ異なります。総合的に目指したい方向性として、日々の保育に自然に取り入れていく工夫が必要です。

また、これらはすぐに獲得できるものではなく、資質・能力の3つの柱を基礎としながら、乳児保育の「健やかに伸び伸びと育つ」「身近な人と気持ちが通じ合う」「身近なものと関わり感性が育つ」の3つの視点や、1歳以上3歳未満児の5領域など、保育所保育指針における保育の内容にも育んでいく過程がねらいとして記載されています。これらが丁寧な養護と教育のもとで育まれ、幼児期の終わりまでに育ってほしい姿へとつながっていくというイメージです。

このように、様々な経験を積み重ねて育まれた姿は、小学校以降の生活や学習の基盤となります。特に小学校への接続期には、この幼児期の終わりまでに育ってほしい姿を手がかりとしながら、子どもの得意なところやさらに伸ばしたいところを見極め、それに応じた関わりができるよう図っていく必要があります。

こんなとき、どうする？

あなたは5歳児の担任をしています。小学校就学に向け、幼児期の終わりまでに育ってほしい姿の「社会生活との関わり」をもう少し深めたいと考えます。さて、どのような活動を取り入れますか。また、その際の遊びの展開を予想し、保育者の役割も考えてみましょう。　▷

4.3　幼保小連携の重要性

子どもにとって進学は大きな環境の変化を伴うものですが、幼児教育から小学校教育、さらにはその先の義務教育へと発達や学びの連続性を確保することが非常に重要です。また、それらが円滑に接続されるよう各教育機関が連携を図っていく必要があります。よって、保育者は幼保小の円滑な接続を意識しながら、子どもそれぞれの特性や発達の段階を踏まえ保育内容を工夫していくことが必要です。

4.3.1 🌸 小学校との連携

　遊びを中心とした生活を通して学びを得る幼児教育に対し、小学校教育では教科による学習という形態に代わり、その教育の目標や内容、方法、評価が大きく異なります。接続期には、特にその違いについて保育者や小学校の教師がよく理解し、意識して取り組んでいく必要があります。幼児教育と小学校教育どちらかが一方にあわせるのではなく、相互に歩み合い、理解を深める必要があります。幼児期においては、幼児期の終わりまでに育ってほしい姿を具体的に捉えて、どのように小学校へつなげていくのか明確にしていくことが大切です。子どもが遊び、生活する中で、好奇心をもって取り組んだり、課題を得て考え解決したり、豊かな感性を発揮したりするなどの学びの過程には、様々な経験が得られる機会を提供し、適切な援助や遊びを発展させていくなどの保育者の役割は大きいといえます。これまでに述べた生きる力の基礎を育むという保育の基礎こそが小学校以降の教育の基盤となり、接続期における段差を子どもが自分自身で乗り越える力となることでしょう。

（年中児）年長児と一緒に小学校へ遠足　　　　　（年長児）小学生とじゃんけん列車

図 4.2　小学校という場に慣れ、上級生と関わることで少しずつ小学校への関心を寄せていく子どもたち（南知多町立保育所）

　また、小学校就学時には各保育施設から要録が送付されます。要録は、①学籍に関する記録（学籍の記録や入学前の生活状況など）、②指導に関する記録（教育課程に基づいた指導や個人の発達、生活の様子など）を具体的に記載し、小学校以降の生活や学びをつなげ、育ちを支えていく上で非常に重要なものとなります。要録には、子どもの到達した姿にとらわれず、保育者の援助や配慮と共に、子どものそれまで成長してきた過程を示せるとよいでしょう。そのような姿を的確に簡潔にまとめ、子どもの成長の足跡を伝えるものとなります。

保育所児童保育要録（保育に関する記録）

本資料は、就学に際して保育所と小学校（義務教育学校の前期課程及び特別支援学校の小学部を含む。）が子どもに関する情報を共有し、子どもの育ちを支えるための資料である。

ふりがな		保育の過程と子どもの育ちに関する事項	最終年度に至るまでの育ちに関する事項
氏名		（最終年度の重点）いろいろな活動を通して、友達と協力して遊びを作り出し、みんなで考えたり工夫したりする。	・0歳児で入所するが、IgGサブクラス欠損症と診断され集団生活が禁止となり、退所となる。その後、1歳児で他園に入所し、入退院を繰り返しながら集団生活を送る。4歳児で本園へ再入所した。体力がつき、体調も落ち着いてきたため、欠席は少なくなっていった。
生年月日	令和　　年　　月　　日		
性別		（個人の重点）自分の気持ちをコントロールしたり、切り替えたりしながら、思いを言葉で友達に伝え、気持ちを表す。	・年長の秋に療育センターを受診し、発達が少しゆっくりであるが問題はないと診断される。
ねらい（発達を捉える視点）		（保育の展開と子どもの育ち）	・2人きょうだいの長男で、自分の思いが強く、友達とぶつかった時に手が出ることもあった。友達との関わり方を知らせていきながら丁寧に援助していくことで、少しずつ楽しめる時間が増えてきた。
健康	明るく伸び伸びと行動し、充実感を味わう。	・戸外で活発に遊ぶことを好み、特に勝負の決まる遊びには力が入る。集団遊びのルールは理解しているが、勝つためにはルールに背くこともあり、その都度確認をしながら少しずつ自分で考えられるようになっていた。	
	自分の体を十分に動かし、進んで運動しようとする。		
	健康、安全な生活に必要な習慣や態度を身に付け、見通しをもって行動する。		・好奇心旺盛で、視界に入るものに興味が移りやすいので、落ち着いた雰囲気の中で取り組めるようにしている。
人間関係	保育所の生活を楽しみ、自分の力で行動することの充実感を味わう。	・愛想がよく、誰にでも挨拶をする姿がある。友達と関わりをもって遊ぶことを好むが、自分の思いが強いので、トラブルになることも多い。うまく伝えられないことが多いので、本児の気持ちをしっかりと受け止めていくと落ち着いて対応する姿が見られた。	
	身近な人と親しみ、関わりを深め、工夫したり、協力したりして一緒に活動する楽しさを味わい、愛情や信頼感をもつ。		
	社会生活における望ましい習慣や態度を身に付ける。		
環境	身近な環境に親しみ、自然と触れ合う中で様々な事象に興味や関心をもつ。	・興味のあることに対して分からないこと、不思議に思ったことを大人に聞いたり、率先して調べたりする。しかし集中力が続かないため、意欲的に取り組めるような環境を整え、分かったことを発信する機会を持ったりすることで、自信をもって行動する姿が見られるようになってきた。	
	身近な環境に自分から関わり、発見を楽しんだり考えたりし、それを生活に取り入れようとする。		**幼児期の終わりまでに育ってほしい姿** ※各項目の内容等については、別紙に示す「幼児期の終わりまでに育ってほしい姿について」を参照すること。
	身近な事象を見たり、考えたり、扱ったりする中で、物の性質や数量、文字などに対する感覚を豊かにする。		
言葉	自分の気持ちを言葉で表現する楽しさを味わう。	・自分の思いを相手に伝えようとするが、感情的になってしまうので、落ち着いてから話すように関わると、自分の思ったことを言葉によって伝え合うことができる。	健康な心と体
			自立心
	人の言葉や話などをよく聞き、自分の経験したことや考えたことを話し、伝え合う喜びを味わう。		協同性
			道徳性・規範意識の芽生え
	日常生活に必要な言葉が分かるようになるとともに、絵本や物語などに親しみ、言葉に対する感覚を豊かにし、保育士や友達と心を通わせる。	・自分のイメージしたものを絵や作品にすることを好む。しかし、作ったものを大切にするのではなく、遊んで壊してしまうこともあるので、使い方について一緒に考える機会を持つようにしていた。	社会生活との関わり
			思考力の芽生え
			自然との関わり・生命尊重
表現	いろいろなものの美しさなどに対する豊かな感性をもつ。	（特に配慮すべき事項） ・卵、乳製品アレルギー（エピペン所持） ・気管支喘息　・熱性けいれん ・アトピー性皮膚炎	数量や図形、標識や文字などへの関心・感覚
	感じたことや考えたことを自分なりに表現して楽しむ。		言葉による伝え合い
	生活の中でイメージを豊かにし、様々な表現を楽しむ。		豊かな感性と表現

図 4.3　保育所児童保育要録（例）

4.3.2 🌼 接続期とスタートカリキュラム

接続期とは、おおまかに幼児期の後期から小学校低学年前期を指します。その期間、幼児教育ではアプローチカリキュラム、小学校ではスタートカリキュラムというようにカリキュラムの接続が求められています。

アプローチカリキュラムにおいては、小学校入学へ目を向け意識的につながりを考えていくものの、決して小学校教育を前倒しするものではないということを理解しなければなりません。あくまで幼児教育は幼児期にふさわしい生活を通して、創造的な思考や主体的な生活態度などの基礎を培うということです。遊びや生活の中で、自主的に課題に向き合ったり、友達と協力して解決したり表現したりしなが

ら、学びの過程を自然な形で保育に取り入れていきます。一方、スタートカリキュラムとは、小学校以降のカリキュラムであり、接続期の移行が円滑に行われることを目指したものです。児童が義務教育の始まりに円滑に適応していけるよう、カリキュラム構成が工夫されています。探索活動など児童の興味関心から表現活動などへ、多様な授業展開としてつなげていきます。

また、2022年度（令和4年度）からは、新たに文部科学省から「幼保小の架け橋プログラム」として、「架け橋期」（5歳児から小学校の1年生までの2年間）の教育の充実を目的とした取り組みが推進されています。このように、幼児教育から小学校教育へと連携を強化し、学びの連続性を確保していくことが重要であり、様々な方法で実施されています。

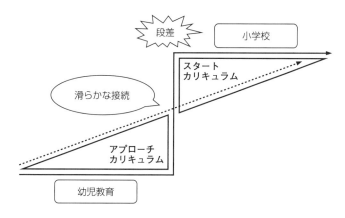

図 4.4　アプローチカリキュラムとスタートカリキュラムのイメージ（例）

インクルーシブの視点から

これまでに述べた幼保小連携の必要性においては、特別な支援を必要とする子どもにとっても重要なものとなります。特に障害のある子どもには、小学校就学というステップは大きく、その環境の変化に対応できない場合もあります。先述の写真に示した小学校との交流事業を複数回行うことで、子どもは小学校への期待や意欲が高まる、新しい場への不安が徐々に払拭されていくなどの姿が見られます。また、障害のある子どもの様子を教員間で理解することにもつながります。

また、子どもの様子や育ちを個別の教育支援計画として小学校へ引き継ぐことが求められます。保護者や関係機関と連携し支援の計画を示したものになりますが、共通した様式はなく、園によって様々な方法で作成をしているという現状です。他にも、サポートファイルや就学支援シート等、要録では伝えきれない情報を示し、障害のある子どもの就学への接続を支えるものもあります。これらの交流の機会や記録などにより、特別な支援を必要とする子どももそうでない子どもも、共に育ち、共に学び、共に尊重し合いながら協働して生活していく社会を、幼保小の接続期においても考えていかなければなりません。

こんなとき、どうする？

【5歳児語り合い場面】以下の語り合いについて、アプローチカリキュラムとしての視点で考えた際、子どもはどのようなことを学んでいるのでしょうか、また語り合いの中で保育者はどのような役割を果たしているといえるでしょうか。

E児：宇宙でなわとびしたらふわふわ～って
I児：宇宙でなわとびしたら何回もできる、ぷかぷかしてるからさ、何回もできるよ
D児：なわとびも浮いちゃう
先生：Dちゃんが縄跳びも浮いちゃうんじゃないって
H児：ていうことはさ、宇宙になわとびしたらできないんじゃない？
先生：できないんじゃない？　だって
E児：あのさ、宇宙に水流したらどうなる？
先生：宇宙に水流したらか
H児：浮かぶんじゃない？
先生：浮かぶんじゃないだって
M児：プールになるんじゃない？
先生：プールになるのかな？Lちゃんがどうやって水を持ってくの？だって
E児：バケツ
M児：こぼれちゃう
J児：宇宙に行ったらこぼれちゃうもん
F児：ホース
R児：ペットボトル

毎日月の形を記録する子どもたち
月から宇宙へと興味関心が広がっていきました

（南知多町立保育所）

保育の道しるべ

　外国籍のS児。今日は同じ外国籍のA児がお休みのため、1人で遊ぶ時間が多く、人恋しい様子で保育者に何度も「先生早く来て」「遊ぼう」と一緒に遊びたい思いを話している。S児に赤くなったトマトをとりに行こうと声をかけるとうんうんと頷いて女子たちと一緒にトマトの収穫に行く。トマトを収穫しお盆の上に並べると、嬉しそうにトマトの数を数える。18個のトマトを全部日本語の数字で数えられ、保育者に「たくさん数えられたね」と言われ満足そうにしていた。

　その後、砂場では、保育者にスコップを出してくれと訴えるので、「お片付けって言ったらお片付けできる？」と聞くとうんうんとうなずく。保育者と一緒に大きいスコップで穴を掘る。掘る前にスコップで砂場に線を描き、その線にあわせて穴を掘ってくれと保育者に訴える。保育者が「わかったよ」と言って一緒に穴を掘り進めていく。穴を掘りながら「先生いいよ、みんなもいいよ」と保育者に話す。

　大きな穴が掘れたところでバケツに水を入れ、水たまりを作っていく。裸足になってその中に入ったり、冷たい感触を喜んだりしていた。後から砂場に来た男子たちや砂場でごちそうを作っていた女子たちも穴を掘り始めるが、時間が足りずお片付けになってしまう。すると、周りの子たちが「Sくんの水たまりすごいね、入ってもいい？」と口々に話す。S児「いいよいいよ」とみんなに声をかけ、たくさんの友達が水たまりに入る。保育者は「Sくんありがとう、優しいね」と声をかける。

　今日のお野菜ニュースの時間になる。すると初めてS児が手を挙げる。保育者が「初めて手をあげているね、どうぞ」と声をかけ、前へ。保育者が「Sくんのお野菜ニュースは何ですか」とゆっくり尋ねると「トマト、赤い。いっぱい」と答えた。保育者が「みんな聞こえた？ トマトが赤いの、いっぱいあったんだよね」と声をかけると、「そうそう！」と子どもたち。「何個あったんだっけ」とS児に問いかけるとさすがにそれはわからなかったが、一緒にトマトを数えていたY児が「18個だよ」と教えてくれる。「そのトマトってこのことだよね」と保育者がお盆にあるトマトを見せ、「みんなで食べてもいい？」と聞くとうんうんとうなずく。「それじゃあSくんに今日一番の拍手をお願いします」と言うとすかさずE児「すごいね！」と言い、他の子も拍手をしてくれる。

　S児はこれまでお野菜ニュースの時間は椅子に座らず、ブロックをしたり絵本を見たりしていました。しかし、他の子の様子をちゃんとちらちら見たり聞いたりしていたのですね。この日は大好きな友達がお休みだったけれど、他の子と関わる楽しさを知るきっかけになりました。保育者の養護と教育の一体的な関わりの中で、S児はクラスで仲間の意識をもって温かい気持ちになれたことでしょう。

考えてみよう！

【事例4-3】【4歳児・5月】「もうこれ、どうなるかわからないね」
（名古屋市立幼稚園）

事例の注目したい姿：「豊かな感性と表現の芽生え」（可塑性のあるものを通して、不思議なこと・予想のつかない変化や状況を楽しむ柔軟な感性）

　よく晴れた暑い日、A児・B児・C児が砂遊びを始めた。保育者も砂場に行き、一緒に遊び始めた。A児は穴を掘り、その穴にバケツいっぱいの水を入れた。すると、穴から水が溢れ出てきた。それを見たA児が㋐「先生見て！」と、大きな声で保育者に言った。保育者も「わあ、水が流れていくね」と一緒に驚いた。側で道を掘っていたB児は溢れ出ていく水に気づき、㋑「こっちにも来るかな」と、さらにA児の方へ掘り始めた。㋒保育者も、腕まくりをし「どんどん流れるかな」と言いながら、ザクザクと音を立ててスコップを動かし、A児の方へ掘ると、A児も「もっとお水入れる」と何度も穴に水を運び入れた。㋓A児が勢いよく水を入れると、水が素早く流れていくようになった。A児が「行くよ」と言って水を流すと、B児やその場にいたC児は「わー」と歓声を上げ、またA児が水を流し、歓声を上げて繰り返し喜んだ。
　道を流れる水が、深いところに溜まっていき、浅いところはすぐに水がなくなることに気づいたB児C児は、いろいろな所をあちこち移動しながら水が流れるように掘って行った。しかし、うまく直したつもりでも、水を流してみると様々な方向に流れたり、溜まったり、なくなったりするので、「あれ？」「もっと、こっちだ」と言いながら、夢中で掘った。しばらく掘ると㋔C児は「もうこれ、どうなるかわからないね」と笑い、A児・B児・保育者も思わずうなずき、また掘り続けた。

✎ 下線部における子どもの姿はどのように読み取れるでしょうか。
✎ 「豊かな感性と表現の芽生え」を育むために大切な保育者の役割や環境の構成について、考えてみましょう。
✎ 「豊かな感性と表現の芽生え」に関連する姿として、他にどのような幼児期の終わりまでに育ってほしい姿が見られるでしょうか。

❋ 引用文献・参考文献 ❋

愛知県幼児教育研究協議会（2016）アプローチカリキュラム編成の手引. https://www.pref.aichi.jp/soshiki/gimukyoiku/youjikyou2425.html （情報取得 2024/9/30）

勝浦眞仁（2018）特別の支援を必要とする子どもの理解共に育つ保育を目指して. ナカニシヤ出版

厚生労働省(編)（2018）保育所保育指針解説書. フレーベル館

文部科学省(編)（2018）幼稚園教育要領解説. フレーベル館

文部科学省（2023）幼保小の架け橋プログラムの実施に向けての手引き（初版）. https://www.mext.go.jp/content/20220405-mxt_youji-000021702_3.pdf （情報取得 2024/9/30）

内閣府・文部科学省・厚生労働省(編)（2017）幼保連携型認定こども園教育・保育要領. フレーベル館

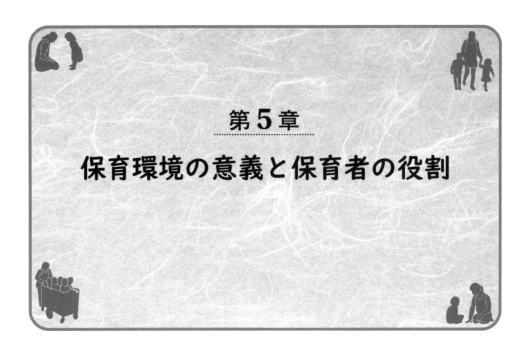

第5章
保育環境の意義と保育者の役割

この章で学ぶこと

❁ 環境を通して行う教育・保育について理解する。
❁ 保育環境と環境構成について考える。
❁ 豊かな保育環境を構成する保育者の役割について学ぶ。

　子どもが一日の大部分を過ごす保育施設は、子どもの健康・安全、情緒の安定を第一に考え、心身共に健やかに成長していくよう保育環境を整えていかなければなりません。本章では、保育所保育指針、幼稚園教育要領、幼保連携型認定こども園教育・保育要領の「保育環境」に関する内容を事例と共に解説していきます。

5.1　環境を通して行う教育・保育

5.1.1　❀「環境を通して行う教育・保育」とは

　乳幼児期は、「環境を通して行う教育・保育」を基本としています。なぜなら、乳幼児期は、園生活の中で、子どもの内なる興味や欲求により自分から周りの環境に関わって直接的・具体的な体験を通して、心身共に成長していく時期だからです。

幼稚園教育要領（文部科学省，2017）及び幼保連携型認定こども園教育・保育要領（内閣府・文部科学省・厚生労働省，2017）には、「教師（保育教諭等）は、幼児（園児）との信頼関係を十分に築き、幼児が（園児が自ら安心して）身近な環境に主体的に関わり、環境との関わり方や意味に気付き、これらを取り込もうとして、試行錯誤したり、考えたりするようになる幼児期の教育における見方・考え方を生かし、（その活動が豊かに展開されるよう環境を整え、）幼児（園児）と共によりよい教育（及び保育の）環境を創造するよう努めるものとする」と記載されています。

保育者との信頼関係を基盤に、子どもは、興味・関心をもったことに自分から関わり、見たり聞いたり触ったりして諸感覚を通して様々なことを感じたり気づいたりして、生活や遊びを展開していきます。子どもが環境と関わり、様々なことを感じたり気づいたりしていくこと、ここに『子どもにとっての大切な学び』があることを十分に理解しておかなければなりません。子どもは「面白そう」「やってみたい」と自分から環境に関わったことが「楽しい」と感じると、さらに繰り返し環境と関わり、その中で「ここはどうなっているのかな」「もっとこうしたい」と好奇心や意欲をもち、試したり工夫したりしながら主体的に環境に関わっていくようになります。

このことは幼児期に限りません。たとえば、生後2か月頃の乳児は、音の出る玩具を大人が振って見せるとじっと見て、やがて手を伸ばし自分で握ろうとします。

また、うつ伏せの状態を保てるようになった頃に、手を伸ばせば取れそうな所に玩具を置いたり、大人が両手をさしのべて呼んだりすると、喜んで動いてそこまで行こうとします。このように、乳児の頃から「触りたい」「あそこまで行きたい」と物や人など周りの環境に興味や関心をもつと、自分から動いて多くのことを獲得していきます。

そのため、「幼児期の教育における見方・考え方」に秘められたこの過程（子どもの姿やプロセス）こそ、乳幼児期の「環境を通して行う教育・保育」であり、重視していかなくてはならないのです。

5.1.2 🌱 子どもの主体性と保育者の意図

子どもが周りの環境に主体的に関わっていく姿を大切にしていくことは、保育者主導の保育ではなく、1人ひとりの子どもが自分から環境と関わり自分の思いを表しながら、主体性を発揮して活動していくということです。その際、保育者は子ど

も1人ひとりの姿を捉えることが必要です。子どもの姿から、子どもが何を楽しみ、どのようにしたいと思っているのか、そのために必要なことは何かなどを見極めます。このように、子どもの思いを理解し、発達を見通しながら成長を願う保育者の意図を環境に盛り込み、子どもの主体性が発揮されるようにしていきます。

それは、子どもに任せるだけでなく、保育者の思いを優先させるのでもなく、子どもと保育者と一緒に環境を作っていくことです。「環境を通して行う教育・保育」には、子どもの主体性と保育者の意図はどちらも不可欠なのです。

こんなとき、どうする？

好きな遊びの時間が終わり片付けの時間になりました。子どもたちは「もっと遊びたい！」と片付けるのを嫌がります。それぞれの遊びが楽しくなっていることを保育者も感じています。このような時、どのように関わりますか？ ▷

5.2 多様な保育環境と環境構成とは

子どもの周りを取り巻く環境について、保育所保育指針（厚生労働省，2017）には「保育の環境には、保育士等や子どもなどの人的環境、施設や遊具などの物的環境、さらには自然や社会の事象などがある」と記載されています。すなわち、子どもの周りを取り巻く環境には、様々な物、人、自然、社会事象があるということです。それらは時間・空間的条件と相互に関連して、子どもに様々に影響を与えます。

具体的に1つずつ見てみると、物的環境とは、遊具や用具、教材など、子どもの周りにあるもののことです。また、人的環境とは、自分以外の人（家族、保育者、友達、地域の人など自分に関わるすべての人）を指します。さらに、自然的環境とは、自然界にあるもの（動物・植物、砂、石、川、海、山、太陽、月、星など）や自然界に起こる現象（天候、気象、陽射し、季節、天文現象など）のことです。最後に、社会的環境とは、自分の周り（家庭、園、地域、日本、世界など）で起きていることを指します。時間・空間的条件は、活動の所要時間や時刻、温度・湿度・採光、具体的な場所・広さ、人や場所などから醸し出される雰囲気（状態や気分、空気など）です。

環境を構成するとは、上記のような物的環境、人的環境、自然的環境、社会的環

境など多様な保育環境を時間・空間的条件の中で相互に関連させ、子どもが心を動かし思わずやってみたくなる状況を作ったり、子どもの活動に沿って考えたりしていくことを指しています。

5.2.1 🌸 思わずやってみたくなる状況を作る

仮に子どもが興味や関心をもつ環境があっても、すぐに主体的に動けるわけではありません。子どものおかれている状態が、安心して周りの環境に関われるようになっていることが前提として必要です。

【園や保育者に安心できるように】

> **【事例5-1】3歳児4月中旬「Nちゃん、ずっと先生の後ついていったよね」**
>
> 　端午の節句が近づき、5歳児が園庭でこいのぼりを揚げるようになり、その際、園庭に「こいのぼり」の曲を流すようにしていた。母親と別れ不安そうだったN児が曲に気付き「あ、こいのぼり」とつぶやいた。そこで、保育者が「一緒に見に行く？」と尋ねると、靴を履き替えて園庭に見に行った。N児や他の子ども数人と①一緒にこいのぼりが揚がっていく様子を見ていると、風が吹いてきて、こいのぼりが舞い上がった。②5歳児が「わあ！　こいのぼりが泳いだ！」とこいのぼりのように園庭を走り始めたので、「『先生こいのぼり』も泳ぎたくなっちゃった」と保育者もくるくる走ってみた。すると、③N児も保育者のエプロンの裾を持って一緒に走り始め、くるくると回ったり腕を回して泳ぐ真似をしたりした。
>
> 　保育室に戻った後、③N児は「Nちゃん、ずっと先生の後をついていったよね」と何度も保育者に話しかけた。

　入園当初の3歳児の子どもたちは、不安や緊張でいっぱいです。この時季の伝統的行事である大きなこいのぼりが園庭に揚がり泳ぐ様子は、子どもにとって魅力的な光景（下線①）です。そして、周りで子どもや保育者が醸し出す雰囲気（下線②）は、子どもの心を和ませ、保育者への親しみを感じ、安心感（下線③）につながっ

ていきます。同様にその他の様々な行事も、子どもを取り巻く環境を構成する大切な要素の1つです。行事に関わることで子どもの心は揺れ動くため、子どもの生活や遊びの中に取り入れて子どもと一緒に楽しみましょう。

　このように、子どもは園や保育者に安心すると、ようやく自分から動き出します。子どもは周りの環境に関わり、必要な経験をしていくため、保育者は、1人ひとりの子どもの思いを理解し、発達を見通し、子どもの成長を願う保育者の意図を環境に盛り込み、子どもが「思わずやってみたくなる状況を作る」ことを大切にしなければなりません。

【子どもが思わずやりたくなるように】

【事例5-2】3歳児4月中旬「先生、こっちに来てね」

　入園以来、保育室に入ろうとしないA児との距離がなかなか縮まらず気になっていた。ある日、①A児は主任と花壇でダンゴムシを見つけた。A児がうれしそうな表情を見せたので、主任はすぐに担任に知らせ、担任も近くで一緒に見ることにした。丸くなったダンゴムシが動き出し、お腹や足が見えると、①A児は「うおぉ」と担任に笑顔を見せた。

　②次の日、担任はポケットにダンゴムシと葉っぱの絵を描いた紙を入れておいた。そして、A児が少し落ち着いた時に、「先生のポッケにある物、なぁんだ」と葉っぱの絵を出すと、A児はじっと見た。葉っぱをそっと開くとダンゴムシの絵が出てきて、A児が笑った。担任は「昨日ダンゴムシさん見つけて嬉しかったね。先生も今日、Aちゃんと一緒にダンゴムシさん見つけに行きたいな」と言うと、③A児は頷き、一緒に園庭のあちこちでダンゴムシを探した。

　その日A児は、初めておやつの時間に保育室に入り「先生の隣！」「先生、こっちに来てね」と、初めて担任に「先生」と呼びかけた。

　　　　　　出典：平松章予（2022）一人一人を理解し、個と集団を育てる. 幼児教育じほう，
　　　　　　　　　　　　　　　　　　　　　　　　　　　　　　　（7），19-20. より抜粋

　保育者は、子どもが興味を示し、心を動かしている様子（下線①）を捉え、「楽しい」「もっとやりたい」と子どもの思いが湧いてくるような関わり方（下線②）を考え、「思わずやってみたくなる状況」を作ります。そうすることで、子どもは安心して探索をし始めます（下線③）。また、保育者同士が丁寧な連携をして、担任保育者につなぐことも必要です。

こんなとき、どうする？

3歳児の入園当初の保育室や保育室前のテラスなど、子どもが遊ぶだろうと思われる場所に、思わず遊んでみたくなるような環境をどのように用意しておきますか？環境図を描いて考えてみましょう。

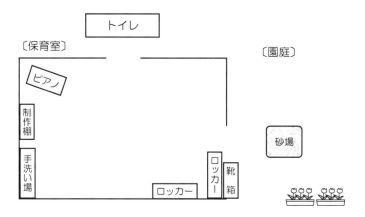

5.2.2　子どもの活動に沿って環境を構成する

　子どもが興味・関心をもって自分から環境と関わると、そこに活動が生まれます。保育者は、そこで生まれている活動を見逃さず大切にすることが必要です。そして、その活動が子どもの思いで溢れるような活動となっていくことが必要です。

　そのためには、その活動の様子を捉えなければなりません。1人ひとりの子どもが何を楽しんでいるのか、どうしたいと思っているのか、それは自分でできるのか、困っていることがあるのか、それは自分で乗り越えられるのかなどを、多面的に捉えることが重要です。

　保育者は、子どもの内面の動きや活動に取り組む様子を理解し、その理解に基づき、子どもの活動に沿って環境の構成をしていきます。これは、保育者がすべての環境を準備し、完全に整えることを意味しているのではありません。子どもが自分で試したり工夫したりして、自分のしたいことやイメージしていることに近づけようと自分で取り組み、自分でできたという喜びを感じられるように、保育者は活動の中で子どもが描いている思いに沿って環境の構成をしていきます。

【子どものしたいこと・イメージをわかり、それに応じて】

> **【事例5-3】5歳児9月「ゴーグル作りたい」**
>
> 　ここ数日、M児とK児は、木製中型箱積み木や段ボールで2人の家を作り、前日の片付けでは、①「明日はプールを作りたい」と話していた。
> 　翌朝、2人は保育者に①「運動マットくらいのプールにしたい」と言いに来たため、②一緒に倉庫へマットを探しに行き、水色のマットを見つけ嬉しそうに運んだ。マットの上で泳いだり潜ったりする真似をしていると、K児が①「ゴーグル作りたい！」と言い、M児も「ゴーグル作る！」とワクワクした表情で言った。保育者も「どうやって作るといいかな」と一緒に相談する。③素材や様々な材料が用意してある製作コーナーから、K児が「あ！これがいい」と紙テープの芯を2個見つけセロファンテープでつなげ、顔に当て「どう？」とM児に聞いた。芯が目の場所とずれており、M児が「ええ？　目のところにあってないよ」と笑う。④K児は笑いながらも困っていたため、保育者はモールを出して「これでつなげるのは？」と聞いてみた。「それでやってみる」と2人は何度も自分の顔にあわせ、程よい長さでつなげた。また、③カラーセロファンを見つけたK児が「これいいじゃん。私、紫にする」と言うと、M児も「私は赤にする」と言い大きさにあわせて切って貼った。そして、①できあがると「後、浮き輪もほしいね」「フープがいいんじゃない？」と言いながら探しに行った。

　保育者が子どもの活動に寄り沿うためには、子どもが友達と思いを出し合い、自分たちでイメージした内容（下線①）ができていくことを実感するような環境の構成をしていきます。子どものイメージにあうものを見つけるために、保育者が子どもと園内を一緒に探す（下線②）こともあります。また、保育室の製作コーナーには、用具や材料を準備し、子どもが選んで使ったり試したりすることができるようにします（下線③）。そして、子どもの発達やイメージに適した物を置いておくなど、日々繰り広げる子どもの活動の様子にあわせて見直していきます。

　保育者が子どものイメージした内容をわかって応じていく際には、どこまで子どもに任せ、保育者が手助けするか判断に迷うことも多くあります。保育者は、子ども1人ひとりの育ちや友達との遊びへの思い、遊びの状況などを把握して判断（下線④）していきます。

製作コーナー　　　　　　　　　ゴーグルをつけてプールで遊ぶ様子

5.2.3 🌱 計画的な環境構成

　保育者は、子どもの主体性を大切にし、発達を見通しその子どもの成長を促すために価値のある環境を計画的に構成していかなければなりません。しかし、子どもの活動は、常に見通しや計画と一致するわけではありません。計画を立てて環境を構成すればよいわけでなく、目の前の子どもの活動から次の見通しや計画をもち、環境を作り直すという『環境の再構成』をしていくことが必要です。

　【子どものイメージの広がりを一緒に楽しみ、友達関係の広がりを願い、環境を作り直していく】

【事例 5-4】4 歳児 10 月「鬼退治に行こう！」

　①昨日の遊びの続きができるように様々な道具が用意してある砂場へ、一緒に遊ぶことが多いR児とY児が来て、泥団子を作り始めた。「これ、桃太郎のきび団子ってことは？」「いいね、たくさん作ろう」と皿に並べ、「先生、きび団子できたよ」と嬉しそうに呼びに来た。②保育者は喜んで団子を食べ桃太郎のように「力もりもり。これなら鬼退治もばっちり！」と言うと、R児とY児も「僕たちも食べよう」「桃太郎に変身！」「先生、鬼ヶ島作ろう。鬼退治に出発！」と言った。大きな山を作り、周りを掘って鬼ヶ島を作るうちにM児やH児、K児も入り、ダイナミックに遊び始めた。③友達との関わりが広がり一緒に楽しめるよう、保育者は素足になれる場を作り、遊具の種類も倉庫から出して増やした。②M児が「鬼ヶ島の周りは川ってことね」と言ったので、保育者が

「どうやって鬼ヶ島に渡るの？」と尋ねると、M児が「橋を渡そうよ」と、H児「はしごの方がいい」と言い、イメージにあう塩ビ管（パイプ・とい）を橋のように置いた。②Y児は「鬼ヶ島の角はこれ」と小型の三角コーンを山の頂上に載せ、「鬼ヶ島の完成！」と言った。保育者が「怖そう。どうする？」と尋ねると、「乗ってやっつける？」とR児が言い、次々に「やあ！」「やっつけろ！」と山に向かって跳び乗ったり崩したりした。泥んこになった手足をシャワーで流して着替えながら、さっぱりとした表情でR児が「楽しかったね」とH児に言った。

　保育者は、子どもの発達や前日の遊びの様子から、日々環境を計画的に準備（下線①）します。しかし、子どもは、その日の思いつきや状況で、保育者の予想と違う遊びや環境との関わり方をしていくことも少なくありません。変化していく子どもの活動（波線）に沿って保育者も一緒に同じイメージで楽しみながら（下線②）、友達との関係性の中で1人ひとりの子どもを捉え、育ってほしいと願う保育者の意図を盛り込み、子どもと一緒に環境を作り直しながら、再構成（下線③）していきます。

　また、活動が豊かになっていくように計画的に環境の構成をしていくことも重要です。活動が豊かになるということは、子どもが活動に没頭し、充実感や達成感を味わうことです。そのために、保育者は、子どもが本当にやりたいと思い、没頭できる活動であるかを見極め、その活動の中で発達にとって大切な経験が得られるように環境を構成することが必要です。このような環境の構成には、新しい事物を出したり関わりを増やしていくことだけではなく、その活動にとって不要なものや関わりを整理し、取り去るなど環境の精選をし、あえて関わることを控えて子どもたち自身で進めていく様子を支える保育者の存在も必要です。

【子ども同士で遊びを進めて深めようとしている姿を支えて】

【事例5-5】5歳児11月中旬「虫の展示館になっちゃった」

出典：伊藤茂美（2020）関係性の中で育つ子ども．チャイルドエデュケア研究所年報，(18), 7-8.

　虫捕りに夢中になっていた数人の子どもが、素材を使って自分の好きな虫をそれぞれ作って遊び始めた。そのうち、「虫のお家がいる！」と、飼育ケースを真似て段ボールの枠に透明フィルムを貼った虫の家をそれぞれ作り遊んでいた。

　片付けになり、一箇所に集まった虫の家を見て「虫の展示館になっちゃった」「本当だ」「虫の展示館だ」と子どもたちが言い出して、虫の展示館ごっこが始まった。展示館にするためには①「お客さんを呼ばないといかん」「虫の名前を書かないと、お客さんがわからないよ」「そうだ！　書いて貼ろう」「入り口や出口もいる」「ジュースの自動販売機もあるよね」などと意見が子どもたちから次々と出てきて、材料置き場に行き、それぞれ必要なものを作り始める。②保育者は、子どもたちの発想に共感しながら、材料置き場を確認したり適当な材料を一緒に探したりして、子どもたちが進めていく様子を見守った。

　数日かけて虫の展示館ができあがると、「小さい組さんを呼ぼう」と年少・年中組を招待し、自分たちが考え作った遊びを喜んでくれたことが、子どもたちは嬉しく誇らしそうで満足気だった。

　5歳児の11月期になると、友達と思いを伝え合い、互いに考えて実現していくことに喜びを感じていきます。これまで経験してきたことを思い出して表そうとして思いが溢れ、勢い（下線①）を感じます。そのようなとき保育者は、その勢いに成

長を感じながら、材料置き場に子どもの思いが実現できそうな材料があるかを確認したり、実現するために必要なことを考えようとしている姿に共感したりして、子どもたち自身で考えたことができていくように、あえて直接的な働きかけを控えて、見守りながら支えていきます（下線②）。保育者は、この先の活動の予想と見通しをもち、子どもたち自身で考えたことが主体的に実現していく状況となっていくよう、計画的に環境の構成を考えることが必要です。

このような環境を構成することによって、子どもは充実感や達成感を味わい、主体的に遊びを深めていきます。

5.3　豊かな保育環境を構成する保育者の役割

乳幼児の教育・保育が「環境を通して行う教育・保育」であるという点で、保育者の役割は非常に大きいです。すなわち、1人ひとりの子どもに対する理解に基づき環境を計画的に構成し、子どもの主体的な活動を援助することであり、その役割は多種多様です。そして、それらの役割を果たすためには、保育者自身の話す言葉、表情、しぐさ、動きなども含め、保育者の存在そのものが、子どもにとって重要な人的環境であることを忘れてはなりません。

5.3.1　教材を工夫し環境を構成する

様々な遊具や用具、素材などを多く用意すれば、遊びが豊かになるとは限りません。重要なのは、子どもが活動に没頭し、充実感や達成感を味わい、主体的に遊びを深めていくことです。そのために、保育者は子どもの環境への関わり方を予想して、物の質や量をどう選択して、空間をどう設定するかを考え、環境の構成をしていきます。

こんなとき、どうする？

4歳児が保育室でバーベキューごっこを楽しんでいます。しばらくすると、「テントがいる！」「テントが作りたい！」と言っています。あなたなら、何を使ってどのようにその思いが実現できるようにしますか？

5.3.2 🦋 子どもとの適切な関わり

保育者には、子ども1人ひとりの特性を適確に把握して理解し、子どもと適切な関わりをすることが求められます。つまり、子ども1人ひとりの行動と内面を理解し、子どもの心の動きに応じながら、子どもの心身の発達を促すよう援助することが重要です。そして、子ども1人ひとりが自分で考え、判断して動いて、自分を発揮しながら、主体的に遊びを深めていけるように支えていかなければなりません。

インクルーシブの視点から

【事例5-6】3歳児6月「ぺったん、ぺったん」

　3歳児のR児は、発達に遅れが見られる子どもで、保育者から声をかけられると、「あいー」「うー」と声は発するものの、会話にはならない。保育室で過ごすことも少なく、保育者は、R児が何に興味があり、どのような環境を準備するとよいか悩んでいた。

　ある日、R児は正門近くの掲示板の前に来ると、①掲示板についているマグネットを外したりつけたりすることが面白いようで繰り返していた。

　そこで保育者は、次の日、②R児の目につきやすく、保育者もすぐに関わりやすい保育室の近くにマグネット遊びを用意した。R児は、毎日のようにマグネットで遊ぶようになり、③保育者も「ぺったん、ぺったん」「きれいに並んだね」とR児の動きにあわせて声をかけるようにした。R児も保育者の顔を見て声を出したり、自分から保育者の手を引いて呼びに来たりするようになり、その場所はR児が安心して過ごせる場となり、保育者との関わりも増えてきた。

子どもは障害の有無にかかわらず、個別の配慮や援助が必要です。保育者は、言葉にならない1人ひとりの思いを表情や素振り・動きなどから、お気に入りの場所や興味のある物や事をくみ取ったり（下線①）、子どもの心の動きを見取ったりしながら、準備する物や場所、関わり方を考えていくことが大切です。また、子どもによっては、保育室の中のにぎやかな雰囲気が苦手だったり、集団での活動に興味が湧かなかったりなどします。保育室にこだわることなく、その子どもが好きなことに繰り返し関われる場や心を落ち着られる空間（下線②）を作り、安心して過ごすことができるようにしていく（下線③）ことが必要です。その際、担任の保育者だけでなく他の保育者と連携して関わるようにしたり、子どもの情報を共有しながらどのような過ごし方をするとよいかについて継続的に話し合ったりすることが大切です。そして、保護者はもちろん、時には医師や地域の保健センター、療育センターなどの専門家と連携を図ることも、子ども1人ひとりに応じた環境の準備や関わり方を考えていく上で必要です。

　子どもは1人ひとり違います。すべての子ども1人ひとりの特性や思いを理解して応じて

いくのは、乳幼児期における教育・保育の基本です。そこに障害のある子どもがいれば、必然的にその障害の特性や個々の思いに応じていくということです。そのため、保育者は、障害について理解を深めながら、乳幼児期の教育・保育の専門家としての自覚を高め、資質の向上に努めることが必要です。

保育の道しるべ

　保育者の温かいまなざしの中で、子ども1人ひとりが安心しきって自分を表し、自分で考えて動いていく、そのような子どもに成長していくよう、子どもを常に支え信じる保育者でありたいと考えます。様々な子どもの心の動きに共感し受け止め、子どもと心を通わせ、対話をしながら子どもの思いに応え、子どもの今後の見通しを込めながら環境を考え、子どもと共に遊びや生活を作っていくことが大事です。
　ここに保育者としての面白さがあり、醍醐味があります。

- 探求心旺盛な1歳児が、保育室内の棚から絵本を出したり、かごに入っている遊具をひっくり返したりして中身を全部出して遊んでいます。この時、どのように関わり、どんな環境（場所や遊具など）を用意しますか？
- 雲が多いですが、心地よい晴れの日です。テラスでミニカーを走らせて遊んでいた子どもが、急に「あっ、夜になった！ 寝なくちゃ」とテラスに横たわったかと思うと、「あっ、朝だ！」と起きあがって空を見ています。太陽が雲に隠れたり雲から出てきたりして、明るくなったり暗くなったりする様子を感じて遊んでいます。このように、陽射しという自然環境を遊びに取り入れる子どもの姿から、感じることを話し合ってみましょう。
- 3歳児の数人の子どもが、ままごとコーナーで、お母さん役や子ども役になって料理を作ったり食べたりして繰り返し遊んでいます。さらに、この遊びが楽しくなるようにするため、どのような環境を用意しますか？

引用文献・参考文献

伊藤茂美（2020）関係性の中で育つ子ども．チャイルドエデュケア研究所年報，(18)，7–8.
厚生労働省(編)（2017）保育所保育指針．フレーベル館．5–6.
文部科学省(編)（2017）幼稚園教育要領．フレーベル館．5.
内閣府・文部科学省・厚生労働省(編)（2017）幼保連携型認定こども園教育・保育要領．フレーベル館．4.
平松章予（2022）一人一人を理解し、個と集団を育てる．幼児教育じほう，(7)，19-20.

第6章
子どもの主体的な遊びを支える保育者の役割

この章で学ぶこと

❈ 子どもの主体的な遊びを捉える視点について学ぶ。
❈ 子どもの遊びを物語として捉える考え方を知る。
❈ 保育者が遊び心をもって遊ぶことの重要性について理解する。

　子どもが遊ぶ姿は見ていてとても面白いです。言葉よりも視線や指差しなどで伝えようとする0歳児の時代から目の前の事象に一生懸命に向き合い、世界に関わろうとしています。前章では子どもの遊びを支える環境について学んだと思いますので、本章では、主に子どもの遊びに関わる保育者自身の姿勢や心持ちについて考えていきましょう。

6.1 「主体的な遊び」とはなんだろうか

　「主体的な遊び」といわれて思い描くイメージはどのようなものでしょうか。毎日のようにブロックに取り組む姿、友達と一緒にごっこ遊びをする姿、うまくいかなくても粘り強く挑戦する姿など、様々なイメージが挙がるかと思います。主体的

な遊びと一口に言っても人によってイメージは千差万別ですが、「面白い」ということは大切な要素だと思います。その面白さは、子どもにとっての面白さである、というのもポイントです。大人からしたら一見すると「何が面白いのかな？」と思うようなことでも、子どもにとって心惹かれる面白さがあれば、子どもたちは夢中になってのめり込みます。そのような没入体験（保育現場では「遊びこむ（長野, 2022）」とも呼ばれます）の中で、子どもたちは「もっとやりたい」「次はどうしようか」など意欲をもとに試行錯誤を重ねていくのです。

この章のタイトルにもあるように、主体的であることが近年の保育では重要視されています。では、「主体的」とはどのような姿を指すのか、それを目指して援助する保育者には何が求められるのかを少し整理したいと思います。

6.1.1 保育所保育指針等から見える「主体的遊び」

保育所保育指針（厚生労働省, 2017）は、第1章総則の中で「ア 一人一人の子どもの状況や家庭及び地域社会での生活の実態を把握するとともに、子どもが安心感と信頼感をもって活動できるよう、子どもの主体としての思いや願いを受け止めること」、「オ 子どもが自発的・意欲的に関われるような環境を構成し、子どもの主体的な活動や子ども相互の関わりを大切にすること」と、主体としての子どもの姿について示しています。意欲的、自発的との子どもたちのポジティブな気持ちが主体的な姿として捉えられる傾向にあり、指針の他の箇所にも繰り返し記載される「一人一人」という文言からは子どもによって主体の在り方が違い、したがって「主体的」になる遊びも違えば「主体的」の現れ方も違うことを留意する必要があるといえます。

6.1.2 研究知見から見える「主体的遊び」

1人ひとり異なる主体や主体的な遊びの在り方について、川田（2019）の「主体性」の捉えをもとにもう少し掘り下げたいと思います。川田は主体を自己のみとして捉える考え方の限界を示しており、自己と共に生きている他者との関係の中で主体を捉える視点を提案しています。つまり、「私は私」ではなく「私たちの中の私」という考え方をすることで「つながり」から主体性を捉えようとしているのです。保育現場でも、子どもは必ず他者と共に生活しています。まだ自己と他者が完全に分離していない乳児期であっても、身近に他者が存在しており、少なからずその存在は意識されています。このように、主体をつながりの中に見出そうとする視点は、子どもの遊びを捉える上でも重要です。1人で遊んでいるように見えても、子どもは周囲とのつながりを意識しており、つながりに影響されて揺れ動いているからです。

川田は子どもの主体性は大人の主体性と鏡あわせで育つと述べており、大人である保育者自らが主体性を発揮していることの重要性を提唱しています。つまり、保育者が率先して「こうしたい」「こうありたい」と願って行動することが求められます。この点については、富田（2021）による「遊び心」の考察にも重なる部分があります。保育現場においても、保育者がまず面白がる、遊びに夢中になることで子どもたちの主体的な姿が引き出されてくるという現象が見られます。子どもの主体的遊びを理解したり引き出したりしようとする際、保育者自身の遊び心の在り様が問われることになるのです。

　また、無藤ら（2023）は「子どもと大人の主体がバランスよく共存、融合している主体」「互いに学び、ともに成長し合う主体」を「共主体」と呼び、大人とは異なる主体を発揮する子どもの世界に気づき、保育を考える際にはこの共主体の意識が必要であると述べています。このことからも、主体的な遊びを考える際には、主体としての子どものみでなく、大人も含めた共主体の在り方に着目する必要があることが考えられます。

　これらの知見から、主体的遊びの「主体」の捉え方が見えてきます。遊びを考える時には、ある子どもだけに注目するのではなく、その子が周囲とどのように関係性を結んでいるのかを考える必要があるといえます。また、子どもと保育者が共主体であることを意識し、子どもによって発揮される主体性とバランスをとりながら、保育者自身も遊び心をもつ主体として子どもと関わることが求められるのです。

6.1.3　🦋「主体的な遊び」を捉える保育者の視点

　以上見てきたように、「主体的」な状態は目の前の子ども1人だけを見ていてもわからないものであり、周囲の人・モノとの関係の中で子どもがどうつながろうとしているか、つながっているのかを捉えることで読み取るものといえます。また、主体である子どもには1人ひとり違う「持ち味（浜谷, 2023）」があり、それを捉えようとする姿勢が保育者には求められます。したがって、「主体的な遊び」は子どもの数だけあるため一面的には定義づけられず、1人ひとりの子どもの姿から読み取っていくものなのです。

　子どもの姿は常に変化していき、子どもを取り巻く関係性も変わっていきます。そのため、主体的な遊びを支えるためには遊びをプロセスで捉えていくこと、遊びを物語として見る（上田 他, 2021）視点が必要となってきます。近年保育者が子どもを理解しようとする際に、子ども1人ひとりの「物語：2つ以上の出来事（event）をむすびつけて筋立てる行為（やまだ, 2000）」を捉える視点が重視されています。つまり、何ができたかという結果だけでなく、その結果に向かうプロセスにおいて

子どもがどう変わったのか、どのように心が揺れ動いたのかも含めて考える姿勢が求められています。このように、保育者として子どもと関わる時には、ある一瞬の姿のみではなく、時間的経過の中で変わっていく姿を捉えようとする視点をもっていることで、子ども1人ひとりが感じる遊びの面白さに迫ることができるのではないでしょうか。

保育の道しるべ

🌼 主体の揺れ動きや変化を見逃さないこと

　ある2歳児クラスでは秋頃に、絵本『おたまじゃくしの101ちゃん』（かこさとし，1973）のイメージを取り入れた追いかけ隠れ遊びがブームとなりました。ザリガニ役が追いかける側となり、逃げるおたまじゃくし役が隠れ場所に集って追いかけてきたザリガニを驚かす、などの展開を楽しむ遊びとして子どもたちの間で定着していました。

　さて、ザリガニに少しドキドキしていたX児。初めは隠れ場所の中からなかなか出て来ず、追いかけっこの様子を見つめる姿がありました。大人数だと緊張も大きいのかもしれない、といつもよりも少人数でこの遊びをすると、のびのびと走り回る姿が見られました。そしてその日、「Xくん、パトカーになる」とザリガニでもおたまじゃくしでもなく、自分の大好きなパトカーのイメージに変身することを宣言し、頭の上に拳を乗せて（サイレンのつもり）ザリガニから逃げることを楽しみ始めました。隠れ場所に集まり「ザリガニをどう驚かそう？」と作戦会議が始まると、「パトカーだぞ！　ってしたい」とX児が保育者に提案します。保育者が他の子にも聞いてみると同意してくれ、「いっせーのーで、パトカーだぞ！」のかけ声と共に見事ザリガニを驚かせたのでした。これ以降、X児は毎回パトカーになりきって自信たっぷりにザリガニに向き合うようになりました。また、「パトカーだぞ！」と驚かせることが他の子にもヒットし、X児発案のセリフがクラスとして定番の楽しみ方になると、X児はより一層自信をもって「今日もパトカーだぞ、しよう！」と追いかけ隠れ遊びを楽しみにする姿が見られるようになっていきました。

　子どもたちの好きな遊びは何度も繰り返されますが、その内容は子どもの声、反応などによって少しずつ変化していくものです。この事例のようにX児の声を聞き逃さず、彼なりの楽しみ方が遊びの中で発揮されるよう柔軟に遊びを変化させていく視点をもつことは大切だと思います。また、X児の気持ちをその都度振り返って考え、先週の姿、昨日の姿、今日の姿と紡いでいく中で、「ザリガニにドキドキしているんじゃない？」「走るシーンはいつも楽しそうに入ってくるよね」などたくさんの気づきが得られ、次の関わりのヒントが見えてきます。子どもの姿や遊びを物語と捉え、継続的な視点で追っていく姿勢から、子どもの求める言葉がけや関わりが生まれるのではないでしょうか。

こんなとき、どうする？

　4歳児クラスにて保育者が「今日は公園に行って鬼ごっこをしよう」と提案しました。前日も鬼ごっこを楽しんだからか、ほとんどの子が賛成する中、「嫌だ！」の一点張りの子がいたとします。あなたが保育者ならば、このような場面にどう関わるでしょうか。「鬼ごっこに賛成するほとんどの子」「『嫌だ！』の一点張りの子」「保育者としてのあなた」のそれぞれの主体性を考慮して話し合ってみましょう。▶

6.2　遊びを物語として見ること

　ここでは、遊びを物語として見ること、つまりプロセスで捉えることを通して、子どもたちが主体的に遊ぶための関わりをどう実践していくとよいかを考えましょう。次に示す事例は、ある0歳児クラスで見られた、ペットボトルにチェーンを入れる遊びに没頭する子の姿です。言葉によるやり取りや友達同士の関わりはまだあまり目立たない時代ですが、遊びを物語として丁寧に経過を追ってくと子どもたちが感じている遊びの面白さや葛藤が見えてくると思います。事例に出てくる子どもや保育者の気持ちの変化を考えながら、読んでみてください。

【事例6-1】繰り返す姿の背景で揺れ動く気持ち
（0歳児クラス：3月の出来事）

　午前中の遊びの時間、A児（当時月齢22ヶ月）は、B児がチェーンをペットボトルに入れている姿を見て興味をもち、床に転がっているペットボトルとチェーンを拾って座り込み、同じく入れようと挑戦し始めた。しかしチェーンが長く、うまく入れることができない。チェーンをよく触って端を見つけて、その端から入れようとするが、片方の端が入るとそこから押し込んで入れようとしてしまい、思い通りにはならず困って、しかめ面のまま、目の前で座っている保育者にチェーンを渡す。手伝ってほしいと訴えるA児に対して保育者は「難しい

> ね、一回（一緒に）やってみよっか」と言い、途中まで入れて最後はA児自身が入れられるように調整しながら手伝う。「わぁー！ 入った！ 素晴らしい」と褒められるとA児は満足そうな表情になり、すかさずもう一回、自分で入れようとする。なかなか入らないと違うチェーンに変えてみるなど試行錯誤するも１人ではうまくいかず、その都度保育者に援助を求めて「入った！」の喜びを積み重ねる。
>
> 　ところが、そばで遊んでいたC児が泣き出すと保育者はC児に対応し、A児の訴えに気づかない。A児はふてくされたように視線を落とし遊びを中断するが、その場を離れることはなくぼーっと座っている。遠くで誰かがペットボトルを落とした音が聞こえるとハッとしたように再びチェーンを入れ始める。A児の姿を見守っていた保育者が、C児が泣き止んだことで再び丁寧に関わり始め、A児と「できた！」を共有する。もっとやりたいとA児の気持ちが高まったところに、保育者とA児の遊びに興味をもった子が数名集まってきて、遊び場が混み合う。A児は保育者に手伝ってほしいと訴えるが保育者は新たに来た子に対応しており気づかない。そのような中、D児がA児の正面に座り、おもむろにA児のペットボトルにチェーンを入れ始める。A児は一瞬動揺するもその場を離れず、D児の挑戦をじっと見守る。D児がチェーンをペットボトルに入れると、A児は「すごーい！」と驚きの声をあげる。D児が他の保育者に成果を見せに行くと、A児も自分のペットボトルを持って後を追って見せに行った。

　この事例では、気持ちを言葉として表現することの少ない０歳児クラスにおいても、様々な関わりの中で気持ちを通わせ合いながら遊びを紡いでいく過程が見えてきます。以下の図に、簡単に事例の内容とAの気持ちの揺れ動きを示しました。

　A児が行っていることは一貫して「ペットボトルをチェーンに入れること」ですが、その一回一回の挑戦には、遊びへの興味関心、うまくいかない焦り、喜びなど多様な気持ちが伴っており、同じ試行は一度としてありません。この事例は、当時保育者であった筆者が自らの保育をビデオで撮影していて、後から振り返って記録したものです。記録を振り返ると、実際に保育をしている時には見えていなかったA児の葛藤や諦めずに頑張る粘り強さ、それを乗り越えて入った時の満足感などを感じることができ、過程を知ることで遊びや子どもへの理解が変わっていきました。保育者はそれぞれの子どもが今何をしているか、だけでなくその前後に何があったか、どう変化してきて「今」があるのかを観察するからこそ、目の前の子が今求めている関わりを考えることができるのだと思います（長野，2022）。

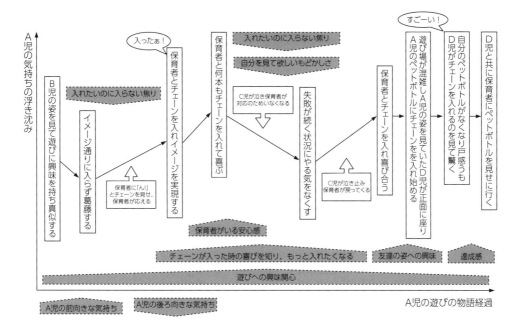

図 6.1 A 児の遊びの物語

　このように、プロセスを追って遊びを物語として見ていくことで、まだ言葉で表現することの少ない乳児とも「面白いね、楽しいね」を共感することができることがわかります。そして面白さを共感できたら、そこからもっと面白くなるにはどうしたらいいだろうと考えていけるのではないでしょうか。子どもの主体的な遊びを支えるためには、保育者は子どもにとっての遊びの面白さを探求し、共感し、気持ちの揺れ動きに寄り添う役割が求められます。表面的には同じ遊びであっても子どもに応じてその物語は異なるので、同僚と連携しながら 1 人ひとりの物語を丁寧に捉えることが大切です。

こんなとき、どうする？

　《事例 1 》の場面において、あなたが保育者だったとして、この後の場面を想像して自分ならどう関わるか考えてみましょう。たとえば、A 児がもう一度やりたいとあなたの前に戻ってきて訴えたらどのように言葉をかけるでしょうか。もしくは他の子が A 児のようにこの遊びをやりたいと訴えた時、どのようなことに配慮するでしょうか。ここまでの A 児の遊びの物語、気持ちの揺れ動きを知っているからこその関わりを考えてみましょう。　▶

6.3　保育者が遊び心をもつこと

　この節では、保育者が遊び心をもって子どもと共に遊ぶことの大切さについて、事例を通して考えていきましょう。

　前節にて、子どもの主体性は大人の主体性と密接に関連することに触れました。子どもたちが夢中になって遊ぶ時、そばにいる大人、とりわけ保育者の主体としての在り方は大きく影響しています。富田（2021）は、近年の日本社会にはほんのちょっとの遊び心すら認められないような「不寛容さ」がはびこっており大人の意識から薄らいでしまっている「遊び心」を復活させることこそが現代社会の閉塞感を打破することにつながると指摘しています。大人が面白がって遊ぶことで大人自身も遊び心を活性化させ、それと同時に子どもの遊び心も育てることの重要性が主張されているのです。

　保育現場において大人である保育者が遊び心をもつとはどのようなことか、次に示す2歳児クラスの保育実践から考えてみましょう。2歳児クラスの子どもたちというと、子どもたちは心が動けば身体も動いてしまう「ノリのよさ」が特徴的な時代（加藤・神田，2012）といわれますが、そのような子どもたちと共に遊ぶ主体である保育者はどのような存在であることが求められるのでしょうか。

6.3.1　🦋 大人（保育者）が面白がる姿

【事例6-2】チョウチンアンコウの跡を探して（2歳児クラス：5月の出来事）

　海の生き物が好きな子が多いクラスだったので、4月から園内探検でお魚探しをしたりサメやタコなどになりきって走る「海ごっこ」が盛りあがったりしていた。5月に製作としてコーヒーフィルターの滲み絵を楽しむと、みんなの作品が鱗となった大きなチョウチンアンコウが完成し、部屋に掲示された。すると、子どもたちは頭に光る提灯を携えたこの魚のことが気になるようで、夕方屋上テラスに遊びに行った時、チョウチンアンコウの世界へ誘われる出来事があった。

　テラスで遊んでいると、E児（5月生まれ）が私を呼び止めた。指差す先を見ると、床にぽこっとした膨らみができていた。「気持ちいいね」と触りながら、ふと「中に何が入っているんだろう」とつぶやく。するとE児が「ハサミでチョキチョキ！（切って）」と訴える。私が「中のものが出てきたらどう

する…？」と聞くとE児は「おばけ？」と答える。今までたくさんおばけのイメージで遊んできたので、「確かにおばけみたいだね」と答えつつ、チョウチンアンコウのイメージも提案してみたくて、「チョウチンアンコウみたいじゃない…？ ぷにぷにして」と言ってみる。するとその場にいたX保育者が「えー！ こんなところに！」と大きな声で驚く。E児含め集まってきた子どもたちも目を丸くする。それを聞いたY保育者が遠くから「ここにもある！」と床の膨らみを見つけて教えてくれる。するとあれもこれもチョウチンアンコウに関連して見えてきて、保育者たちが「ここはチョウチンアンコウが通った道かも」「チョウチンアンコウのウンチかも」と真剣な顔で推理し始める。するとE児たちも落ちている石のにおいをクンクン嗅いでみたり、通り道らしき跡をそっと触ってみたり、チョウチンアンコウの跡を探し始めた。そのままチョウチンアンコウを探して園内を探検し、その後も至るところでチョウチンアンコウを探すのがブームとなった。

　この事例では、子どもたちが興味をもち始めているチョウチンアンコウのイメージに対して、まず保育者が何よりも面白がって遊んでいる様子が見られます。2歳児クラスというと「おばけから手紙が届く」などの、現実に「ありそう」で「なさそう」な世界を遊ぶ「想像的探険遊び（富田，2018）」が楽しくなってくる頃ですが、2歳児クラスになったから自然とこのような遊びが生まれてくるわけではありません。保育者がまずは想像の世界を目一杯遊ぶことが大切です。子どもたちは、安心できる保育者が楽しそうにイメージの世界で遊ぶ姿を見ることで、自分もやってみたいという意欲が引き出されることがあります。このクラスでは、この後も様々なごっこ遊び、表現遊びの中でチョウチンアンコウのイメージが登場し、チョウチンアンコウを探しに行く園内探検が盛りあがるなど、子どもたちと共に遊び心をもった世界が広がっていきました。初めは保育者が提案した「もしかして…」というイメージですが、徐々に子どもたちからも「チョウチンアンコウはご飯食べるために帰ったんだよ」などイメージを膨らませる声が聞こえるようになり、子どもたちと保育者で作りあげたイメージの世界がより豊かになっていきました。

　このように、保育者が子どもと共に遊び心をもつ主体として遊ぶことで、同時に子どもたちの遊び心が活性化していくことがわかります。そして、遊びたがる心が

育つことで、遊びも主体的になっていくのだと思います。保育者が遊び心をもって子どもと関わることで、面白さを発見・共感したり、課題が見つかれば一緒に考えたりする存在であることは、子どもの主体的な遊びを引き出す上で重要であるといえます。

こんなとき、どうする？

🦋 1人ひとり違う楽しさや面白さの中で

あなたが3歳児クラスの担任をしているとします。子どもたちの中ではどうやら「おばけ」のイメージが人気となり、おばけになりきって遊んだりおばけを探したりする遊びがブームとなるなど、それぞれの子が自分なりのおばけのイメージをもって遊んでいます。しかし一方で、おばけのイメージが怖くて楽しむ気持ちになれない子もいて、おばけの遊びをやりたい子とやりたくない子の間でトラブルも起こっています。面白いことが大好きな3歳児ですので、保育者の工夫次第でおばけのイメージはより膨らみ、クラスとして楽しめるものになるでしょう。あなたなら、どのようにおばけのイメージで遊んでいくか、考えてみてください。

また、遊びをどう展開するか考える際には、子どもたちが何を楽しんでいるのか、どこを面白いと感じているのかなどを捉えることがもちろん大切ですが、その上で保育者自身が楽しめるかという視点も重要になります。日々の実践の中では、多様な遊びの中から何をしようか迷ってしまったり、実践してみたもののうまくいかなかったりすることもあり、そのような時は保育者自身が遊びを楽しめていないことが多いです。保育者自身がその遊びを面白がって、誰よりも楽しむ姿勢が見せれば、子どもたちはそんな保育者の姿に触発されていきます。「発達にあった遊び」も大切ですが、遊びに迷ったり困ったりした際は、「自分が好きな遊び」「自分が遊び心を抱ける遊び」も積極的に取り入れてみてください。　▶

6.3.2 🦋 子どもも大人も主体的に遊ぼう

子どもは面白いことが大好きです。面白いからこそ、夢中になり、多少の困難が生じても乗り越えていこうとするパワーを発揮します。保育者である私たちは、そのような子どもたちの感じている面白さに迫ろうとする努力なくして、遊びを支えることはできません。一緒に笑い、悔しがり、泥だらけになってこそ遊びの面白さを共感する主体となることができるのです。つまり、保育者は子ども以上に遊び心をもっている必要があります。子どもたちも、面白さをわかち合える保育者や友達

との関係性の中で、自分はこうしたい、もっとやりたい、と主体性を発揮していきます。

また、「学びにつながる遊び」などの文言に現れるように、遊びは学びのために有用であるとの見方が広く謳われています。しかし、有用性の議論に則って遊びを見ると、子どもたちが感じている「面白さ」の多くが無駄なものとして取りこぼされてしまうことがあります。子どもが生き生きと主体性を発揮させて遊ぶために、保育者が、役に立つか立たないか、学びにつながる遊びかどうか…という枠のみにとらわれず、面白そうなこと、心がワクワクすることに敏感になって子どもたちに関わることが求められているのです。そしてその際、1人ひとりの子どもがどのような持ち味をもっているか、それがそれぞれの個の中で完結するのではなく、周囲との関係の中で相互に影響し合い変容していく物語を丁寧に捉えようとする姿勢でいることが重要といえます。このような姿勢は、遊びが「できる／できない」の評価により競争に巻き込まれていく見方を乗り越え、1人ひとりの意味ある違いを尊重し合う集団を育むことにつながるのではないでしょうか。

インクルーシブの視点から

🌱 何気ない一言を問い直す

遊びの中で、つい「すごいね」「できたね」という言葉を多用していないでしょうか。その言葉自体は言われた子どもにとって嬉しく、自信につながるものですが、一方で何がすごくて何がそうではないのか、という枠組みは発言する保育者のバックグラウンドに依存しており、褒める対象を作ると同時に褒められない対象も作り出してしまう可能性があります。今の社会は、競争を助長するような仕組みになっているので、私たちが発する何気ない一言にもそのような意図が知らず知らずのうちに埋め込まれている場合があるのです。とはいえ、子どもたちの「見て！」「できたよ！」に応えないというわけではありません。では、あなたならどう答えるでしょうか。

たとえば、「恐竜を作ったのね。見せてくれて嬉しいな」など積極的に保育者自身の気持ちを言葉にすることで子どもの気持ちに応える場合もあるでしょうし、「わぁー！」と驚いて返す場合もあるかもしれません。どちらもあえて「すごい」「できたね」という言葉では表現してはいませんが、子どもに対する思いは伝わると思いませんか。小さなことかもしれませんが、言葉を発する前に一呼吸おくことで、子どもたちの間に競争意識ではなく互いを尊重する気持ちを育むことにつながる言葉がけが見つかるかもしれません。

- 本章に出てきた事例を読んで、自分が保育者だったらどう関わるか考えてみましょう。
- 実習やボランティア・園見学などで出会った印象的な子どもの遊びを振り返って、今なら自分はどう関わるか、考えてみましょう。(自分ではなく保育者と子どもの関わりでも可。)
- 上の内容をグループで話し合い、他の人の見立てや意見をもらいましょう。

❀ 引用文献・参考文献 ❀

浜谷直人（2023）すべての子どもの権利を実現するインクルーシブ保育へ．ひとなる書房

かこさとし（1973）おたまじゃくしの 101 ちゃん．偕成社

加藤繁美・神田英雄（2012）子どもとつくる 2 歳児保育．ひとなる書房

川田学（2019）保育的発達論のはじまり．ひとなる書房

厚生労働省(編)（2017）保育所保育指針．フレーベル館

無藤隆・大豆生田啓友・おおえだけいこ（2023）子どもと大人、そしてモノ・コトも含めて「共主体」子どもが中心の「共主体」の保育へ．小学館．58–67．

長野未来（2022）二人称的アプローチによって捉える 1 歳児の「遊びこむ」プロセス．保育学研究, 60 (2), 137–147.

富田昌平（2018）保育における想像的探険遊びの展開：エルマー実践から 30 年の節目を超えて．心理科学, 39 (2), 74–89.

富田昌平（2021）子どもと大人の遊び心を通した「誘われる－誘う」関係．小松歩（　編）．遊び心でコミュニティーの再生を－世代を超えて子どもの発想に学ぶ地域づくり．新読書社．75–84．

上田敏丈（2021）子ども理解から始まる物語．上田敏丈・香曽我部琢(編)．コンパス子ども理解―エピソードから考える理論と援助―．建帛社．1–4．

やまだようこ（2000）人生を物語る―生成のライフストーリー―．ミネルヴァ書房

第7章
子どもの権利を保障する保育者の役割

この章で学ぶこと

❀ 子どもの権利を保障する保育者の役割について学ぶ。
❀ ESD や SDGs について学ぶ。
❀ 保育における ESD や SDGs と人権について理解を深める。

　2023（令和5）年4月にこども家庭庁が設置され、新たな方針が打ち出されました。その中には、子どもの参加表明権をはじめとする子どもの権利や最善の利益、そして持続可能な社会についても言及されています（第2章参照）。ところが近年、不適切な保育が社会的な問題となり喫緊な対応が求められています。本章では、子どもの権利の保障や持続可能な社会の創り手を育む保育者の役割について考えます。

7.1　子ども権利と子どもの権利条約

7.1.1　児童虐待相談件数の増加

　我が国は、1994（平成6）年に国連総会で採択した「子どもの権利条約」（児童の権利に関する条約）に批准したものの、子どもの権利に関する問題が山積しています。

特に、児童虐待では相談対応件数が増加しており、2022（令和4）年では219,170件（こども家庭庁，2023）と過去最多件数となりました（図7.1）。相談の内容は、心理的虐待、身体的虐待、ネグレクトが挙げられます。また、件数増加の背景には、相談件数の増加、通告の増加、関係機関の児童虐待防止に対する意識や感度の高まりも見られます。このように、児童虐待防止に関する意識の変化は見られていますが、虐待件数は増加の一途をたどっているため、一刻も早い対応が求められます。つまり我が国の現状を踏まえ、今こそ、子どもの権利について考える必要があるのです。

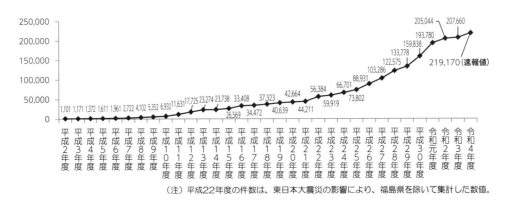

図 7.1 児童相談所における虐待相談対応件数とその推移
出典：こども家庭庁（2022）令和4年度児童相談所における児童虐待相談対応件数. 2.

7.1.2 🦋 子どもの権利条約とその背景

　第二次世界大戦後、すべての人が生まれながらに基本的人権をもっている社会を目指すため「人種差別撤廃条約」（1965）「女子差別撤廃条約」（1979）が採択され、社会で弱い立場の子どもも対象として注目されるようになりました。さらに、1989年11月第44回国連総会にて、子どもの権利条約が採択されました（ユニセフ・子どもの権利条約）。これは、世界中のすべての子どもたちがもつ権利を定めた条約で、196の締約国・地域の間で結ばれ、我が国は1994（平成6）年に批准しています。

　条約は、「差別の禁止」「子どもの最善の利益」「生命、生存及び発達に対する権利」「子どもの意見の尊重」の4つの原則で表されています（図7.2）。ここでは1つひとつの条文ごとに見ていきましょう。

差別の禁止（差別のないこと）

すべての子どもは、子ども自身や親の人種や国籍、性、意見、障がい、経済状況などどんな理由でも差別されず、条約の定める全ての権利が保障されます。

 子どもの最善の利益（子どもにとって最もよいこと）

子どもに関することが決められ、行われる時は、「その子どもにとって最もよいことは何か」を第一に考えます。

 生命、生存及び発達に対する権利（命を守られ成長できること）

すべての子どもの命が守られ、もって生まれた能力を充分に伸ばして成長できるよう、医療、教育、生活の支援などを受けることが保障されます。

 子どもの意見の尊重（子どもが意味のある参加ができること）

子どもは自分に関係のある事柄について自由に意見を表す事ができ、おとなはその意見を子どもの発達に応じて充分に考慮します。

図 7.2 子どもの権利条約「4 つの原則」
出典：公益財団法人 日本ユニセフ協会（2019）子どもの権利条約の考え方.

(1) 差別の禁止

第 2 条では、差別の禁止について述べられています。

> 第 2 条
> 　締約国は、その管轄の下にある児童に対し、児童又はその父母若しくは法定保護者の人種、皮膚の色、性、言語、宗教、政治的意見その他の意見、国民的、種族的若しくは社会的出身、財産、心身障害、出生又は他の地位にかかわらず、いかなる差別もなしにこの条約に定める権利を尊重し、及び確保する。
> 　締約国は、児童がその父母、法定保護者又は家族の構成員の地位、活動、表明した意見又は信念によるあらゆる形態の差別又は処罰から保護されることを確保するためのすべての適当な措置をとる。

このことは、すべての子どもが、子どもやその保護者の人種、国籍、宗教などにかかわらず差別されることはなく、地位、活動、意見や信念など条約に定める権利が保障されています。

(2) 子どもの最善の利益

> 児童に関するすべての措置をとるに当たっては、公的若しくは私的な社会福祉施設、裁判所、行政当局又は立法機関のいずれによって行われるものであっても、児童の最善の利益が主として考慮されるものとする。
>
> 締約国は、児童の父母、法定保護者又は児童について法的に責任を有する他の者の権利及び義務を考慮に入れて、児童の福祉に必要な保護及び養護を確保することを約束し、このため、すべての適当な立法上及び行政上の措置をとる。
>
> 締約国は、児童の養護又は保護のための施設、役務の提供及び設備が、特に安全及び健康の分野に関し並びにこれらの職員の数及び適格性並びに適正な監督に関し権限のある当局の設定した基準に適合することを確保する。

第3条では、子どもの最善の利益について述べられています。

子どもの最善の利益とは、子どもにとって最もよいこととされ、子どもに関する保護や養護、施設や職員の適性も含め、最もよいことは何であるかを考えることが求められています。

(3) 生命、生存及び発達に対する権利

第5条では、子どもの成長に応じた保護者や地域の適切な指導について第6条では、子どもの命の健全な成長について述べられています。

> 第5条
> 締約国は、児童がこの条約において認められる権利を行使するに当たり、父母若しくは場合により地方の慣習により定められている大家族若しくは共同体の構成員、法定保護者又は児童について法的に責任を有する他の者がその児童の発達しつつある能力に適合する方法で適当な指示及び指導を与える責任、権利及び義務を尊重する。
>
> 第6条
> 締約国は、すべての児童が生命に対する固有の権利を有することを認める。
> 締約国は、児童の生存及び発達を可能な最大限の範囲において確保する。

この権利は、子どもは、命を守られ成長できることとし、成長、発育できるよう

指示や指導を保護者や法的責任者から受けることができます。また、国から医療や教育、生活の支援を受けることが保障されています。

(4) 子どもの意見の尊重

第12条では、子どもの意見の尊重について述べられています。

> 第12条
> 締約国は、自己の意見を形成する能力のある児童がその児童に影響を及ぼすすべての事項について自由に自己の意見を表明する権利を確保する。この場合において、児童の意見は、その児童の年齢及び成熟度に従って相応に考慮されるものとする。
> このため、児童は、特に、自己に影響を及ぼすあらゆる司法上及び行政上の手続において、国内法の手続規則に合致する方法により直接に又は代理人若しくは適当な団体を通じて聴取される機会を与えられる。

この権利は、意見を表明し参加できることについて述べられています。子どもは、自分の意見を自由に述べることができ、子どもを取り巻く大人は、子どもの発達を考慮しながら子どもの意見を聞くことが求められています。

このように、子どもの権利条約では国際社会全体で子どもの権利を守る義務を明記しています。近年、保育施設では不適切な保育について検討がなされ、保育の在り方や運営について見直しをする機会につながっています。

厚生労働省による子ども・子育て支援推進調査研究事業報告にある不適切な保育未然防止及び発生時の対応についての手引き（株式会社キャンサースキャン、2020）では、不適切な保育について、「保育所での保育士等による子どもへの関わりについて、保育所保育指針に示す子どもの人権・人格の尊重の観点に照らし、改善を要すると判断される行為」と明記されています。さらに、不適切な保育の具体的行為類型として、①子ども一人一人の人格を尊重しない関わり、②物事を強要するような関わり・脅迫的な言葉がけ、③罰を与える・乱暴な関わり、④子ども一人一人の育ちや家庭環境への配慮に欠ける関わり、⑤差別的な関わり、が挙げられています。このような具体的行為の背景には、保育者の幼児

理解が十分でないことや保育者間の連携ができていない、保育環境におけるおもちゃの数が足りない、机や棚が不足しているなど様々な問題が孕んでいますが、まずは子どもの権利は保障されているのか、子どもは最優先に考えられているのかを問い直す必要があります。どのような状況であろうとも、不適切な保育が許されることはありません。そのような行為につながらないよう、日頃から心がける必要があります。

こんなとき、どうする？

　子どもたちに「○○しなさい」「何回言ったらわかるの？」と命令口調や強い口調で言っていませんか？
　子どもが何度もいうことを聞かない場面において「どうするのが望ましい」でしょうか？

7.2 持続可能な社会の創り手を育むとは

7.2.1　ESD・SDGs とは

　近年、子どもを取り巻く環境は大きく変容し、急速で予測困難な時代の中で子どもたちに求められる課題が増えています。

　ESD とは、「持続可能な開発のための教育（ESD：Education for Sustainable Development）」の略であり、現在の世代ニーズを満たすような社会作りを意味しています。ESD は、これらの課題を自らの問題として捉え、1人ひとりが自分にできることを考え、実践していくことを身につけ、問題解決につながる価値観や行動を生み出し、持続可能な社会を創造していく活動を指しています。

　また、2015 年にニューヨーク国連本部において、「国連持続可能な開発サミット」が開催され、その成果文書として「我々の世界を変革する：持続可能な開発のための 2030 アジェンダ」が採択されました。このアジェンダ（平和と安全、人権、そして持続可能な開発の目標を単一のアジェンダに統合）は、人間、地球及び繁栄のための行動計画であり、17 の目標と 169 のターゲットからなる「持続可能な開発目標（SDGs：Sustainable Development Goals）」です。この SDGs は「誰一人取り残されない」社会の実現を目指して 2030 年を期限としています。このように、国際

社会全体の目標として取り組むことが求められています（図 7.3）。

　一方、我が国における教育行政は、2017（平成 29）年に幼稚園教育要領、小・中学校学習指導要領、2018（平成 30）年には高等学校学習指導要領の改訂を行い、「持続可能な社会の創り手」の育成を明記しました。この「持続可能な社会の創り手」とは、現代社会の問題を自らの問題として主体的に捉え、人類が将来の世代にわたり恵み豊かな生活を確保できるよう、身近なところから取り組む（think globally、act locally）ことを目的としています。さらに、問題解決につながる新たな価値観や行動等の変容をもたらし、持続可能な社会を実現していくことを目指し行う学習・教育活動であり、ESD は持続可能な社会の創り手を育む教育として明示化されました（文部科学省，2017/2018）。

　このような経過の中で、2019（令和元）年に日本ユネスコ国内委員会より、中長期的観点から、我が国のユネスコ活動の方針等についてまとめた「ユネスコ活動の活性化について（建議）」（日本ユネスコ国内委員会，2019）が出されました。その中で、ユネスコ活動が SDGs 達成に向けた、持続可能な開発のための教育（ESD）の推進における主導的な役割として、SDGs に関する知識を広めるのみならず、「持続可能な社会の創り手」として必要な力を育むことの重要性が述べられています。

図 7.3　SDGs17 の目標
出典：国際連合広報センター（2019）SDGs のポスター・ロゴ・アイコン及びガイドライン.[1]

---

[1] 国際連合 SDGs サイト https://www.un.org/sustainabledevelopment/
　本書の内容は国連によって承認されておらず、国連またはその職員や加盟国の見解を反映するものではありません。

7.2.2 保育における ESD・SDGs

　幼児教育・保育は、ESD の理念と類似性をもっているといわれています。その理由として、幼児教育・保育では、子どもたちの成長や発達を育み、人や環境との関わりを通して主体的に活動するという特徴が、ESD の今だけでなく未来に向け、社会全体のことを考えていくという特徴につながっていくからです。そのため、幼児期の人格形成の基礎を培う時期に、ESD が目指す持続可能な社会の実現にて重要視されている発想力や行動力の育成が求められています。

　以上のことから、保育と、SDGs 達成に向けた ESD の考え方に共通性をもっていることがわかります。

　では、保育における ESD・SDGs にはどのような取り組みがあるでしょうか。たとえば、間伐材を用いた製作遊び（人工林の育成のために間引いた木を使って、オブジェを製作した遊び）や、自分の身の周りの地域に興味関心をもち探検をしながら自らの身を守るために交通ルールや危険個所を知る、ゴミの分別や給食は残さず食べる等、多岐にわたっています。これらの取り組みは、子どもたちの生活の中にある ESD・SDGs 活動を自然に行っているものばかりです。これが、ESD・SDGs の考え方と保育の共通性なのではないでしょうか。保育における ESD・SDGs は新たなものを行うのではなく、今までの保育の中で息づいていた生活を ESD や SDGs の視点で捉えることでより取り組みやすくなります。

7.2.3 保育における ESD・SDGs と人権

　人権とは、日本国憲法第 11 条にもあるように、「侵すことのできない永久の権利」として保障されるものとしています。SDGs では「誰一人取り残されない」を掲げており、人権に深い関わりをもつ目標も多く見られます。

　たとえば、目標 1「貧困をなくそう」、目標 3「すべての人に健康と福祉」、目標 4「質の高い教育をみんなに」、目標 5「ジェンダー平等を実現しよう」、目標 8「働きがいも経済成長も」、目標 10「人や国の不平等をなくそう」、目標 16「平和と公正をすべてのひとに」といった目標が挙げられます。これらの目標は、多様な立場の人に焦点を当て、様々な課題を自分事として捉え考えることで、誰一人取り残されない世界の実現を目指しています。また、冨田ら（2018）は、ESD における人権教育の特徴を「自分の大切さをとともに他の人の大切さを認めることができる」としています。しかし、虐待や差別、人権侵害といった問題が散見されており、これらの問題も世界を通して考える必要があるのです。

　また、保育における人権とは、子どもの生活が快く居心地のよい状態におかれて

いることであり、保護者の人権も子どもを養育する上で欠かせません。保育者は、このような人権に関する問題を基底に捉え保育の場面での人権について考えることが重要です。

こんなとき、どうする？

日本語を母語としない子どもとどのようにコミュニケーションをとりますか？▷

インクルーシブの視点から

<事例>保護者から、「男の子なのに、ピンク色の服を好んで着たがります。時には、ズボンでなくスカートを履きたがります。他の服を着せようとすると激しく嫌がり脱いでしまします。どうしたらよいですか？」と質問を受けました。あなたなら、どのように答えますか？

SDGsの目標5「ジェンダー平等を実現しよう」を踏まえ、その子の思いを尊重し、それぞれの個性を認め合うという観点から考えてみましょう。

保育の道しるべ

平和について、教育基本法第1章「教育の目的及び理念（教育の目的）」第1条に述べられています。

> 第1条　教育は、人格の完成をめざし、平和的な国家及び社会の形成者として、真理と正義を愛し、個人の価値をたつとび、勤労と責任を重んじ、自主的精神に充ちた心身ともに健康な国民の育成を期して行われなければならない。

これは、幼稚園教育要領（文部科学省，2017）にも明記されており、教育の目的とされています。この背景には、第二次世界大戦中において、教育を受ける機会を失い、生活を営むことが困難になったことがありました。そのような背景から、日本国憲法前文、第9条、教育基本法第1条では、平和を愛する国民の育成を目指しています。その後、平

和に関する議論が行われ、平和の意味を1人ひとりが自ら問題として真剣に考える必要があるとしています（山嵜，2012）。このように、保育者・教育者は、平和的な国家や社会の担い手の育成を目指してきました。

一方、第二次世界大戦後、生命の維持や社会の安定のためにも一刻も早い復興の一端である経済発展の追求が行われました。その結果、生活を基盤とした環境が阻害され、環境資源の枯渇や社会環境の変化が問題としてでてきたことは否めません（冨田 他，2018）。さらに、戦争や紛争は我が国だけの問題ではありません。このような視点を踏まえ、「平和」ということを世界的な視野で捉えていく必要があります。

戦後から月日が経ち、戦争を経験した方も少なくなってきました。記憶が薄らぐ今こそ、子どもの最善の利益を保障する子どもの権利について学ぶことで、平和とは何かを考えることが大切です。

こんなとき、どうする？

平和について子どもたちにどのように伝えていきますか？

- 子どもの権利条約には、どのような内容が含まれていますか？
- ESD・SDGsの視点から考えられる人権に関する保育場面とは、どのようなものでしょうか？
- 子どもの権利を大切にする保育者の具体的な役割について話し合いましょう。

❀ 引用文献・参考文献 ❀

株式会社キャンサースキャン（2021）令和2年度子ども・子育て支援推進調査研究事業「不適切保育に関する対応について」事業報告 不適切な保育未然防止及び発生時の対応についての手引き. https://www.mhlw.go.jp/content/11900000/000864690.pdf （情報取得 2023/11/23）

こども家庭庁（2022）令和4年度児童相談所における児童虐待相談対応件数. https://www.cfa.go.jp/assets/contents/node/basic_page/field_ref_resources/a176de99-390e-4065-a7fb-fe569ab2450c/12d7a89f/20230401_policies_jidougyakutai_19.pdf （情報取得 2023/9/16）

国際連合広報センター（2019）SDGs ロゴ. https://www.unic.or.jp/activities/economic_social_development/sustainable_development/2030agenda/sdgs_logo/（情報取得 2023/9/17）

国際連合広報センター（2015）2030 アジェンダ. https://www.unic.or.jp/activities/economic_social_development/sustainable_development/2030agenda/2030agenda/（情報取得 2023/11/23）

厚生労働省（2019）子どもを中心に保育の実践を考える〜保育所保育指針に基づく保育の質向上に向けた実践例集〜. https://www.mhlw.go.jp/content/000521634.pdf（情報取得 2023/9/17）

文部科学省（2002）持続可能な開発のための教育. https://www.mext.go.jp/unesco/004/1339970.htm（情報取得 2023/9/17）

日本ユネスコ国内委員会（2019）ユネスコ活動の活性化について（建議）. https://www.mext.go.jp/unesco/002/1422209.htm（情報取得 2023/9/17）

田中治彦・三宅隆史・湯本浩之（2016）SDGs と開発教育持続可能な開発目標のための学び. 学文社

富田久枝・上垣内信子・田爪宏二・吉川はる奈・片山知子・西脇二葉・那須川知子（2018）持続可能な社会を作る日本の保育乳児期における ESD. かもがわ出版. 18–19, 97–101.

山嵜雅子（2012）敗戦後の「平和のための教育」提唱をめぐる平和と教育の問題：平和教育成立の一つの背景として. 立教大学教育学科研究年報. 55, 69–85.

ユニセフ（1989）子どもの権利条約. https://www.unicef.or.jp/about_unicef/about_rig.html（情報取得 2023/9/16）

第8章
保育者の職務内容(1)：
指導計画をデザイン・評価する保育者

___この章で学ぶこと___

❀ 指導計画の全体像を理解する。

❀ 評価・省察の概観を理解する。

❀ 保育士の自己評価・園評価について知る。

　保育は、「指導計画」に基づいて展開されます。しかし、遊びが中心の保育における指導計画は、学校教育における指導計画とは異なり、具体的な科目がなくイメージがしづらい等の印象があるのではないでしょうか。この章では、指導計画の形式や、保育における指導計画の活用の方法について紹介することで、実際の保育における指導計画の必要性や作成の仕方について学んでいきます。

8.1　指導計画とは

8.1.1　🦋 構成と作成について

　保育を展開するにあたり保育所は、園の方針や目標、子どもの発達過程などを踏まえた計画を立てなくてはなりません。計画には、保育所保育指針（厚生労働省, 2017）

を踏まえ、各保育所で独自に作成する、保育方針や目標といった「全体的な計画」とそれを踏まえて具体的な保育の内容を作成していく「指導計画」があります。さらに「指導計画」には「全体的な計画」に基づきながら子どもの生活や発達を見通して立てる年間・期間・月間指導計画のような「長期的な指導計画」と、それらをもとにより具体的な子どもの日々の生活に即した週指導案・日案などの「短期的な指導計画」があり、それらを併用しながら保育にあたることが明記されています（図8.1）。また、幼稚園や幼保連携型認定こども園の「全体的な計画」の中には、教育標準時間（4時間）として通う1号認定の子どもを対象とした「教育課程」も含まれています（文部科学省，2017；内閣府ら 2017）。

図 8.1 全体的な計画と指導計画の関連性

　指導計画の内容は、3歳未満児と3歳以上児で異なり、3歳未満児については、1人ひとりのねらいや姿を記録する「個別的な計画」を作成します。また、3歳以上児については、子ども相互の関係性や、協同的な活動についての内容等を計画すべきであるとされています。その他にも、生活の連続性を意識した内容、季節の変化を考慮した内容、在園時間が個々によって異なることから、一律的でない1人ひとりにあわせた内容などを取り入れていく必要があります（厚生労働省，2017）。以上のような指針の内容を基本としながらも、最も意識すべきことは、クラスの子どもたちの姿に合わせた内容を計画していくことです。そのためには、子ども1人ひとりの姿を日々的確に把握していくことが重要です。保育者が日々の園生活の中で1人ひとりの姿や言葉、表情に目を向け、見えない心の内を読み取っていく力が、的確な指導計画につながり、子どもたち1人ひとりの豊かな育ちにつながっていきます。

　また、長時間保育については、子どもの発達過程、生活のリズム、心身の状態に十分配慮しながら、保育内容や方法、職員の協力体制、家庭との連携などを指導計画に位置づけるべきであるとされており（厚生労働省，2017）、指導計画の中に、長時間保育におけるねらいや配慮すべきことを記載する必要があります。

8.1.2 🦋 カリキュラムについて

　以上に示した「全体的な計画」を「カリキュラム（Curriculum）」と呼び、どのような保育内容をどのような順序で計画し、実践していくかという保育の在り方を示すものとされています（豊田，2018）。保育所保育指針に示された「幼児期の終わりまでに育ってほしい姿」を踏まえながら、作成していきますが、目の前の子どもたちの姿にあわせたカリキュラムを考えることが重要です。園の方針や理念は大きく変化することはほとんどないと考えられますが、カリキュラムの内容は、子どもたちの姿にあわせて毎年マネジメントしていく必要があります。「園の方針・理念は変わらないから」と、何年も同じカリキュラムを使用していくことは、毎年同じ時期に同じ活動をするための「やらなければならないことリスト」へと変貌し、保育者・子ども共に窮屈になったり、受動的な保育や子どもたちを育てたりすることになりかねません（田中，2021）。以下は、カリキュラムの作成過程に関する事例です。

〈事例の背景〉開園 25 年 A 保育園では毎年、年長児は運動会でパラバルーンに取り組んでいた。B 保育者、C 保育者は共に年長児クラス（25 名）の担任であり、今年の運動会の種目について検討している。

〈例年通りのカリキュラムに縛られてしまった例〉　　〈目の前の子どもの姿に合わせたカリキュラムを作成した場合〉

毎年恒例だし、今年もパラバルーンにしよう！

このクラスの子どもたちは、走ることが好きで、全員でおにごっこをしていることが日頃から多くあるよな…そうだ！走ることやチーム対抗の要素を取り入れたリレーにしよう！

例年通りのパラバルーンに取り組むことに決定　B 保育者

例年とは異なるが、目の前の子どもたちの姿にあわせてリレーに取り組むことに決定　C 保育者

今までパラバルーンに取り組む年長児の姿を見てきたことから憧れる気持ちがある一方で、生活の中で親しむ機会がなかったことから戸惑い、興味をもたない子どももいた。また、やらされている雰囲気や「保育者→子ども」という保育者が子どもに教える構図が自然とできてしまった。

　まずは大好きな走ることの延長として、遊びの中でバトンを持って走る機会を設けていき、その後少しずつルールを伝えていった。段階を踏んだことで抵抗なく、前向きに取り組む姿が見られた。細かいきまりやチーム・走る順番などは自分たちで決めていったことで、自然と子どもたちが主体となって行事を進める姿が見られた。
　また、今までパラバルーンに取り組む年長児の姿を見てきたことから「パラバルーンはやらないの？」と尋ねるなど、パラバルーンに興味をもっている子どもも見られたため、日頃の保育の中で、パラバルーンに親しむ機会も設け、やりたい子どものみ遊びの中でパラバルーンにも同時に取り組んでいった。

このように、子どもの姿にあわせながら、保育内容をカリキュラムとして構造化すること（カリキュラム・マネジメント）が、指導計画を考える際の基礎となります。「全体的な計画にも留意しながら、幼児期の終わりまでに育ってほしい姿を踏まえ教育課程を編成すること」や、「教育課程の実施に必要な人的又は物的な体制を確保するとともにその改善を図っていくことなどを通して、教育課程に基づき組織的かつ計画的に（略）質の向上を図っていくこと」が必要とされています（文部科学省，2018）。

また、カリキュラムを作成するにあたっては、保育目標、保育者の信念、園文化、園環境、子どもの特性、発達段階、身体機能、遊びへの欲求・意欲、子どもの現在の姿など様々な要素が関連すると考えられます（田中ら，2021）。保育者同士が意識を擦り合わせた上で、保育目標を達成するためにどのような保育内容を展開していくかを検討していくことで、その時の子どもたちに合わせたカリキュラムが作成できると考えられることから、日頃の保育者同士の保育観の擦り合わせは不可欠であるといえます。

8.1.3 振り返り・評価について

指導計画を作成して、実践した後、最も重要であることは、自らの保育を振り返りながら評価することです。ドナルド・ショーン（Donald Alan Schön, 1930-1997）が専門家を反省的実践家（Reflective Practitioner）であると述べているように、保育において振り返りは最も重要な過程の1つです。子どもたちは日々、共に過ごす中で、変化・

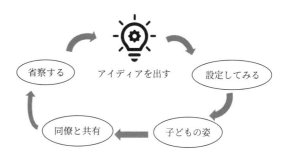

図 8.2 保育における PDCA サイクル
出典：宮里暁美（2020）遊んで感じて自分らしく想いをつなぐ保育の環境構成 2・3 歳児クラス編. 中央法規出版. 117. を参考に筆者作成

成長していきます。その日、その時の子どもにあわせた関わりをしていくために、自らの保育を毎日振り返ることは、保育者にとって欠かせません。

具体的には、指導計画に沿って保育を展開した後、保育の計画や記録を見直しながら、自らの保育について振り返り・評価をし、次の保育実践の改善に努めていきます（厚生労働省，2017）。その過程においては、指導計画通りに実践が進められたかという結果ではなく、活動内容が「今」の子どもの心の育ちや意欲などに十分留意していたかに注目することが重要です。このように、保育においては、「計画→実行→評価→改善」といった「PDCA サイクル」を基本としつつも、その過程にお

いて、子どもの姿にあわせた保育内容を検討していくことが求められます。また、振り返りや評価は、保育者同士の対話や連携の中で行われることによって、より目の前の子ども育ちにあったアイディアが生まれやすいと考えられます（図8.2）。

保育者同士の対話や連携の具体的な方法は、「園内研修」や「会議」として職員全体で振り返りの時間を設ける他、日々の保育者同士の何気ない会話や、休憩時間のコミュニケーションなど、子どもについての話を互いにする中での学びや発見も多く、そのためには職員間の同僚性が必要であると考えられています（大豆生田 他, 2009）。また、振り返りとは別に、自己評価も行わなければなりません。自己評価には、保育者が保育の計画や保育の記録を通して、自らの保育実践を振り返る「保育士等の自己評価」と、保育士等の自己評価を踏まえて保育所全体の保育の内容について評価を行い、その結果を園外へ公表していく「保育所の自己評価」があります（図8.3）。また、自己評価には他にも、自己評価チェックシートの活用や目標の提示など、園によって様々な工夫が行われています（図8.4）。

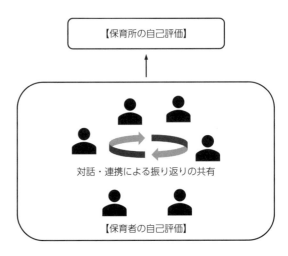

図8.3 保育者の自己評価と保育所の自己評価の関連性

評価シート　（○：意識している/△：努力が必要であると感じている）	
〈保育の内容について〉	チェック欄
・子どもと関わる際に、それぞれの子どもの思いやりや願いを受け止めようと心がけているか。	○
・一人一人の多様性に配慮した保育を心掛けているか。	○
・子どもたちが様々な事に興味や関心を持ち、互いに認め合うような経験を得られるようにしているか。	△

図8.4 保育の自己評価チェックシートの例
出典：厚生労働省（2020）保育における自己評価ガイドライン.22 を参考に筆者作成

以上の自己評価を日々繰り返していくことで、子どもたちの「今」の姿にあった保育内容を検討することができます。津守（2002）が「保育の後に同僚と話し合うとき、同じ子どもの異なった側面をも知ることができ、子どもの全体像が見えてくる。（中略）その時間がもてなくなったら保育の質が低下する」と語るように、1人ひとりにあわせた的確な保育を提供していくためには、同僚と互いに語り合い、謙虚に自らの保育を振り返り続けることが重要であると考えられます。

こんなとき、どうする？

🦋 「遊びの継続」の尊重と「生活」を両立させるには？

　保育において、遊びを継続できる環境や活動内容の工夫は、子どもたちが遊びを深めるために欠かせません。しかし生活をする中で、食事や排泄など、遊びを中断せざるをえない状況は必ず存在します。その時、まだ気持ちを切り替える力が十分でないことや、遊びが発達してきたことで遊びを深めたい気持ちが高まり、遊びの中断を拒否する姿は必ず見られます。そのような時、保育者としてどのような援助や工夫ができるでしょうか。

図 8.5　室内遊びの継続のための工夫の例

> 　仕切られた棚や自分の目印がついた洗濯ばさみが用意されており、作品をとっておくことができるようになっている。目印は年長児は名前の平仮名表記、年中・年少児はマーク表記になっているなど、各年齢にあわせた工夫がされている。

> 　戸外遊びも同様に、継続して遊びたい物、とっておきたい物などをしまっておくことができるように工夫されている。戸外で使用することもあるため、水に濡れてもよい素材や使い捨てできる素材で作られた容器を使用している。また、容器には室内遊び同様、名前やマークの目印が年齢にあわせてつけられている。写真では、どろだんご遊びの継続が見られる。

図 8.6　戸外遊びの継続のための工夫の例

その時の子どもの姿や発達課題にあわせた保育内容を計画していくためも、遊びの継続を尊重することは大切です。振り返りの中で、より「今」の姿にあった新たな環境構成や配慮についての気づきにもつながっていくと考えられます。

8.2 指導計画に基づく保育実践について

8.2.1 予想される子どもの姿について

指導計画（短期）の内容としては、主に「予想される子どもの姿」「保育者の配慮・援助」「環境構成」などを記載します（表8.1）。

「予想される子どもの姿」は、実際に指導計画の内容を展開する時の子どもの姿を予想しながら検討します。その際、活動に興味をもつ姿や遊び込む姿などの前向きな姿だけでなく、上手くいかず諦める姿や、喧嘩になる姿など活動がスムーズに進まない可能性についても予想することが必要です。そして、それぞれの事態に対応できるだけの「引き出し（関わり方・言葉がけ・遊びや活動の知識・時間配分の計画性など）」の豊富さが保育者に求められます。また、指導計画を作成した際の保育者の予想した姿とは異なる姿が見られた時には、必ずしも計画通りの展開に戻すことを優先するのではなく、子どもの気づきや感動を尊重し、新たな素材を加えたり、子どもの発想を刺激するような一言を添えたりするなど、子どもがイメージを膨らませて活動を方向づけ、豊かな体験を得られるよう援助することが重要です（厚生労働省，2018）。

8.2.2 保育者の配慮・援助について

「保育者の配慮・援助」は、活動を実施するにあたり意識すべき子どもとの関わりや、配慮・援助の仕方などを記載します。内容は、一緒に遊ぶ・共感する・助言する・提案する・見守る・環境を構成するなど、多岐にわたり、その時々によって異なります。たとえば、子どもが自分で行おうとする姿に対して、言葉をかけたり手を添えたりすることもあれば、あえて何も言わず側で見守り、子どもが不安そうに振り向いた時には目を見てうなずくようにするということもあります（厚生労働省，2018）。どのような配慮や援助を行うかは、その時の状況だけでなく、個々の子どもの特徴や発達段階によっても異なりますので、8.1節でも述べたように、計画を立てる際には、1人ひとりの子どもの姿を把握していることが重要であり、日々の子どもの姿を振り返りながら、内容を検討していきます。

8.2 指導計画に基づく保育実践について 93

表 8.1 短期的な指導計画（週案）の例

9月	主な活動内容	保育者の配慮・援助	予想される子どもの姿	環境構成	反省
1日 月曜日	・室内遊び ・避難訓練	・1人ひとりが好きな遊びを心ゆくまで追求することができるよう、姿によっては、あえて言葉をかけず、見守ることを心がける。 ・避難訓練では、緊張感を作りつつも、緊急時に保育者に守られる安心を知ることができるよう、的確な指示や、落ち着いた声色を意識する。	・好きな遊びを見つけ、夢中になって深めている姿がある。 ・製作遊びや構成遊びでは、途中のものをとっておくことで、納得してから次の活動へ向かう姿がある。 ・避難訓練では、不安になり保育者の側を離れられない人がいる。	・1つの遊びに継続的に向き合うことで、遊びを深めることができるよう、途中のものをしまっておくスペースを用意する。 ・避難訓練では、防災頭巾の置き場所や、避難リュックの内容を改めて確認し、緊急時に備える。	・遊びの環境を見直したことで、遊びを継続的に楽しむ姿が見られるようになった。その一方で、自分で遊びを見つけられない人の姿も見られたため、そのような人にあわせた配慮の仕方を考えていきたい。 ・避難訓練では、落ち着いて避難することができていた。職員間での役割が曖昧になっていたため、決めておくとよいと感じた。
2日 火曜日	・室内遊び ・園庭遊び	・他者の遊びへ興味を示したり、遊びを通してやり取りしたりする中で、気持ちがぶつかり合うこともあった、トラブルになったりする姿があることを予想し、その都度丁寧なかかわりができるよう、トラブルの前後の姿を把握しておくことを心がける。 ・園庭遊びでは、個々の興味や関心を丁寧に観察し、姿にあわせた環境構成につなげることができるよう心がける。	・自分が継続的に深めている遊びの面白さを他者と共有しようとする姿がある。 ・複数のコーナーを行き来しながら遊ぶことで、遊びを発展させていく姿がある。 ・園庭遊びでは、まだ好きな遊びが見つけられず転々と過ごす人がいる。	・コーナーとコーナーの行き来をしやすくすることで、遊びがより発展するよう、棚や仕切りの高さを低くする。また、製作遊びや構成遊びで完成した作品をどこからでも見やすいように展示することで、クラス全体で他者の遊びの共有ができるような環境を整える。 ・園庭遊びでは、1人ひとりが好きな遊びを見つけることができるよう、遊びや姿に応じた遊びの環境を作ったり見直したりしていく。	・他者の遊びに興味を示し、構成遊びの作品をまねることに使うなど、コーナーとコーナーを行き来する姿がよく見られるようになってきた。その分、喧嘩やトラブルにつながることも多くあったため、今後はより丁寧に介入していくことで、豊かな人間関係の構築につなげていきたい。 ・園庭遊びによって、室内遊びより集中する人が多く見られた。その一方で、園庭では遊びが見つけられず、転々と過ごす人がいたため、引き続き園庭での遊びの環境について検討していきたい。

※ 3日（水）〜 6日（金）も同様に記載していく（内容は省略）。

〈1週間の反省〉
　室内遊び、園庭遊び共に、個々に遊びを深める姿がよく見られるようになってきた1週間であった。遊びが広がっていると感じるため、大切に伸ばしていきたい。その一方で、好きな遊びが見つけられず転々とする人も見られたため、次週以降、姿にあわせた配慮を心がけることで、遊びに導いていきたい。また、季節が移り変わり始めているため、自然と親しむ機会も取り入れていきたい。

8.2.3 🦋 環境構成について

「環境構成」は、保育所保育指針（厚生労働省，2017）において、「子どもが自ら環境に関わり、自発的に活動し、様々な経験を積んでいくことができるよう配慮すること」と明記されているように、保育の営みにおいて重要な要素の1つです。また、これらの保育環境には、人的環境、物的環境、社会的環境、自然的環境があります。

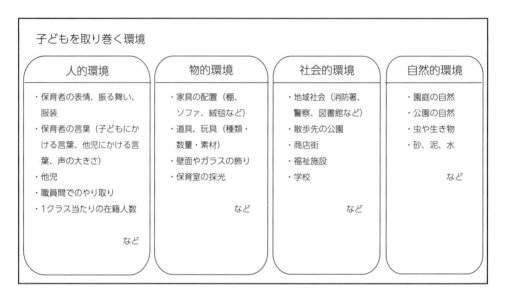

図 8.7　保育環境の種類

環境構成において大切なことは、子どもの興味や関心にあわせた環境を提供するためにどのような空間を作るか検討することです。人数にあわせた玩具や製作のための素材の量や種類も重要となります。そのため、環境は子どもたち1人ひとりや、クラス全体にあわせて変化させていく必要があります。

また、宮里（2020）は、実践の振り返りや保育で大切にされていることを踏まえた上で、①気持ちよい生活をしているか、②注意深く観て、能動的に聴いているか（子どもたちが主体となって、自然の中や身の周りの音、声などに興味をもち、耳を傾けているかなど）、③一緒に面白がることができるか、④新しいモノ・コトが作りだされているか、⑤社会が生まれているか（子ども同士の豊かなやり取り、他者を知りたいという想いなどが尊重されているかなど）のように、保育環境を考える際に大切とされる5つの視点を示しています。

こんなとき、どうする？

🌼 お散歩から帰ったら…

　自然は、人工的に用意された教材では考えられないぐらいの偶然性と多様性があり、子どもにとって、五感を通して多彩な気づきを与えたり、興味・関心から様々な創造性を育んでくれたりするものであるといわれるように（汐見，2018）、子どもの育ちにおいて重要な役割を果たすと考えられます。保育において、自然への親しみをねらいとし、園外に散歩へ出かける機会は多くあります。散歩で摘んだ草花や、園庭で見つけた自然物を保育室に持ち帰ったら、保育者はどのような対応をするべきでしょうか。

図 8.8　子どもが摘んだ花を飾ってある手洗い場　　図 8.9　子どもが摘んだ花を飾ってある手洗い場

> 　食事の席で摘んだ花を飾ることも、子ども同士の関わりのきっかけや、楽しい食事の雰囲気作りにつながると考えられる。
> 　また、あらかじめ容器を子どもたちの手の届くところに用意しておくことで、自ら草花を水に生けることができるよう環境を整えておくこともできる。

インクルーシブの視点から

　近年、子どもたち1人ひとりの多様性を大切にしながら、子どもの意見表明権や参加する権利を尊重しつつ保育を展開していく「インクルーシブ保育」が重視されています（浜谷，2023）。集団行動を重視した視点ではなく、「個」を重視した視点で指導計画を立てることで、子どもたちの過ごしやすさや、主体性の構築につながっていくと考えられます。

　「個」を重視した指導計画の具体的な内容としては、個々にあわせた遊びの時間を提供することをねらいとした、コーナー型の遊び環境を作る計画を立てることなどが挙げられます。また、記録や振り返りの過程においては、幼児クラスにおいても個別の計画を立てることや、

ドキュメンテーション方式で記録をとることで、個々の姿を職員間で共有しやすくするなどの方法が挙げられます。写真などを活用したドキュメンテーション方式の記録は、保育者の省察にも活用できる他、保護者との保育の共有や、子ども同士の遊びの共有にも活用できると考えられます。

　また、指導計画には記載されない、子どもとの関わりにおける意識などにおいても、1人ひとりを重視することはできます。たとえば、活動の切れ目において全体へ言葉がけをするのか、個々へ言葉がけをするのか、もしくは言葉をかけず自らのタイミングで次の活動へ気持ちが切り替えられるまで見守るのか、などが挙げられます。

　インクルーシブの視点を重視した指導計画とは、具体的には、クラス全員が同じ時間に同じ活動をすることが強制されるような内容になっていないか、子どもに選択の余地があるかなど、多様性を受け入れることを基盤とした保育内容であると考えられます。

保育の道しるべ

　近年、保育現場におけるICT化が進み、ICTアプリによって指導計画を作成することがあります。ICTを活用する利点は、事務作業の軽減化や振り返りのしやすさなど様々です。その他にも、日頃の保育の様子をドキュメンテーションで記録する際の画像の取り入れやすさや、保護者へ配信できる共有のしやすさなども挙げられます。しかし、カメラやスマートフォンを使用することによる子どもへの影響や情報の流出など、十分な配慮が必要な点もあるため、園でのきまりや制限を保育者間で十分に話し合いを行い、正しく理解した上で取り入れていくことが必要です。

みてみて！ きれいだよ！
最近の〇〇組のブームはマンダラぬり絵！毎日たくさんの色の組み合わせを探しながら、塗ることを楽しんでいる子どもたちです。いつものように色塗りを楽しんでいると、保育室におひさまの光が差し込みました。すると、「ぬりえをおひさまにあてたらきれいかな？」と友達に提案する姿が…それからは、窓に透かしながらぬり絵を楽しむことがブームになりました。「色の不思議」や「自然の不思議」に気付いた子どもたちです。「色」や「自然」に出会い、心を動かす姿、大切にしたいです。

図 8.10　保護者に向けたドキュメンテーション記録の例

考えてみよう！

- クラスのみんなで一緒に集まって活動をする時間に、1人だけ集まることを嫌がるA児がいます。あなたならどのような対応をしますか。
- 幼児クラスにおいて、活動の切れ目となり片付けをしなくてはならない時、以下の中でどれが最も適切な言葉がけだと考えますか。
    - A. 全員に明確に伝わるように、（全体に向けて）「お片付けだよ！」と大きな声で伝える。
    - B. 1人ひとりが納得して遊びを切りあげることができるよう、理由を伝えながら（全体に向けて）「○○だからお片付けだよ」と伝える。
    - C. 全体には声をかけず、1人ひとりに声をかけて伝えていく。
    - D. 言葉で伝えることはせず、保育者自身が次の活動に向けて準備を始めるなど、環境を変えていくことによって伝えていく。
- 日頃は好きなことに黙々と向き合いながら1人で過ごしている姿が多い5歳児のB児は、好きなことを途中で止められると癇癪やパニックを起こすほど、夢中になることがよくあります。その日は製作遊びに夢中になっていましたが、途中から興味の対象がはさみへと変わり、はさみを持って走ったり高いところに登ったりし始めました。友達に危険が及びそうです。あなたならどのように対応をしますか。

引用文献・参考文献

浜谷直人（2023）すべての子どもの権利を実現するインクルーシブ保育へ. ひとなる書房. 17.
厚生労働省（編）（2017）保育所保育指針. フレーベル館. 39.
厚生労働省（編）（2018）保育所保育指針解説. フレーベル館. 461.
宮里暁美（2020）遊んで感じて自分らしく想いをつなぐ保育の環境構成 2・3歳児クラス編. 中央法規出版. 117.
文部科学省（編）（2018）幼稚園教育要領解説. フレーベル館. 370.
大豆生田啓友・三谷大紀・高嶋景子（2009）保育の質を高める体制と研修に関する一考察. 関東学院大学人間環境学会紀要, 11, 17–32.
汐見稔幸（2018）森と自然を活用した保育・幼児教育ガイドブック. 風鳴舎. 12.
Schön, D.A.（1984）. *The Reflective Practitioner How Professionals Think in Action*. Bacic Books. 384.
田中謙・池田幸代（2021）カリキュラムマネジメントにおけるナレッジマネジメントの特質－保育者の「保育の環境構成」に関する事例分析を通して－. 教育実践学研究, 26, 219–234.
田中健介（2021）トライアル・アンド・エラーに学ぶ質の向上を目指す保育マネジメント. 中央法規出版. 131–132.
豊田和子・新井美保子（2018）保育カリキュラム論―計画と評価―. 建帛社. 6.
津守真（2002）保育の知を求めて. 教育学研究, 69（3）, 357–366.

第9章
保育者の職務内容(2)：家庭や地域と連携・協働する保育者

この章で学ぶこと

❀ 多様な保護者ニーズに対応する保護者支援の在り方を理解する。
❀ 保育施設に通う子どもの家庭や就園前の子どものいる家庭への支援について学ぶ。
❀ 地域に求められる保育施設しての連携や協働的な取り組みについて学ぶ。
❀ 市民として尊重される子どもを育てるための保育者の役割を理解する。

　ここでは、多様化する保育ニーズを把握すると共に、保育施設に通う子どもの家庭や就園前の子どものいる家庭への支援に対して「保護者と共に」を意識した保育者の役割について学びます。また、地域で育つ子どもが市民の1人として尊重されることを目指し、地域に開かれた園となるような保育施設からの発信や地域との様々な交流など、保育者のアウトリーチ的職務について、事例などを通して理解しましょう。

9.1　「保護者と共に」を意識する保育者

　ここでは、保育施設に通う子どもの家庭の様々なニーズを把握し、「保護者と共に」を意識した支援での保育者の役割について学びましょう。

9.1.1 🦋 拡大する保育ニーズと子育て支援の必要性

　教育にかかる費用負担の軽減を図る少子化対策や生涯にわたる人格形成の基礎及びその後の義務教育の基礎を培う幼児教育・保育の重要性の観点から、2019（令和元）年10月から国の施策として、「幼児教育・保育の無償化」（以下、無償化）が始まりました。さらに、2023（令和5）年4月には、こども基本法が施行され、同時に「こどもまんなか」を合言葉にしたこども家庭庁が創設されました。まさに、子どもの政策を社会全体に強力に推進していくために、力を注ぐべき課題の1つである保育についても議論されています。

　このような国の様々な施策により、表9.1からもわかるように、保育所等の利用が増加しています（こども家庭庁，2023）。少子化といわれているのに、なぜ保育のニーズは高まるのでしょうか。それは、少子化対策の1つである子どもを産み育てる環境作りとして、保育施設の充実はなくてはならないものだからです。また、母親の再就職や育児休業明けに子どもを安心して預けられることが、大切な子育て支援にもつながるからです。低年齢児の保育のニーズが高まるということは、それだけ保育者の数も必要になります。保育士の配置基準（厚生労働省，1947）を見てみると、0歳児3人に対して保育士1人、1、2歳児6人に対して保育士1人です。このように、保育施設では保護者のニーズに応えるために、人的にも環境的にも保育施設の体制を整えていくことが求められています。

表 9.1 年齢区分別の就学前児童数に占める保育所等利用児童数の割合
出典：こども家庭庁（2023）保育所等関連状況とりまとめ. 4.

		令和5年4月	令和4年4月
3歳未満児（0〜2歳）		1,096,589人　（44.6%）	1,100,925人　（43.4%）
	うち0歳児	135,991人　（17.0%）	144,835人　（17.5%）
	うち1・2歳児	960,598人　（57.8%）	956,090人　（56.0%）
3歳以上児		1,620,746人　（59.5%）	1,628,974人　（57.5%）
全体児計		2,717,335人　（52.4%）	2,729,899人　（50.9%）

　保育所等に入所する理由も様々ですが、その家庭環境もまた複雑になってきています。たとえば、ひとり親家庭や外国籍の家庭、疾病等を患っている家族のいる家庭等、多様化しています。保育施設は、そのニーズに応えるべく、そして、保育者は、1人ひとりの子どもとその保護者の状況を把握し、「保護者と共に」という姿勢で、保護者を支援してくことが大切な役割の1つになります。

9.1.2 🌸 多様化する家庭の状況

ここでは、配慮を必要とする様々な家庭の状況について、考えてみましょう。

初めに、医療的にケアが必要な子どもや発達が気になる子どもをもつ家庭についてです。子どもへの支援には、医療行為が必要な場合もあります。そのような時には、看護師の配置を考慮し、保育者と看護師が連携することで、医師の指示書のもと、子どもにとって適切な援助や支援が可能になります。

次に、虐待の疑いがある家庭についてです。2000（平成12）年に施行された児童虐待の防止等に関する法律によると、児童虐待の定義は、身体的虐待・性的虐待・ネグレクト・心理的虐待とされています。虐待については年々、増加傾向にあり、2023（令和5）年9月に、こども家庭庁は、2022（令和4）年度の児童相談所による児童虐待相談対応件数は、21万9,170件で、前年度より11,510件（＋5.5％）増え、過去最多を更新したと報告しています。また、児童福祉法第6条の3に定められているように、要保護児童とは、保護者のない児童または保護者に監護させることが不適当であると認められる児童のことです。具体的には、保護者の家出、死亡、離婚、入院、服役などの状況にある子どもや、虐待を受けている子ども、家庭環境等に起因して非行や情緒障害を起こす子ども等のことをいいます。要支援児童とは、保護者の養育を支援することが特に必要と認められる児童であって要保護児童にあ

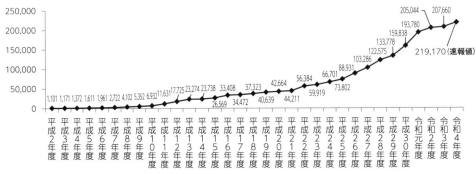

図9.1 児童相談所における虐待相談対応件数とその推移
出典：こども家庭庁（2023）児童虐待防止対策 3. 虐待の現状. 1.

たらない児童のことをいいます。具体的には、育児不安を抱いている保護者に養育されている子どもや、養育に関する知識が不十分なため不適切な養育環境におかれている子ども等のことです。このように、支援や見守りが必要な家庭もあります。保育者として、できることを考えていくことが求められます。

また、外国籍の家庭に対して、保育施設が取り組んでいる支援は、「外国籍等の子どもへの保育に関する調査結果」（厚生労働省, 2022）に次のような調査結果が挙げられています。外国籍の保護者を支援するための取り組みとして、「お便りや連絡帳はひらがな表記している」「献立はひらがな表記で渡しアレルギー面談時にも配慮している」「提出書類に関しては園長が個別に対応」「懇談会で行事や就学に向けての困り感がないよう、園での本児の姿を伝えると共に友達との関わりや必要事項について伝えている」「会話ができるので重要なことは電話で知らせる」などです。このように、外国籍の家庭に対して、各保育施設で、保育者ができる支援を工夫したり配慮したりすることが必要です。

最後に、貧困家庭についてです。2022（令和4）年の調査（厚生労働省, 2022）によると、相対的貧困率は、15.4%であり、これは、国民の6.5人に1人が、相対的に貧困状態であることを示します。保育者は、配慮を必要とする家庭への支援として、特別にならないようなきめ細やかな配慮が求められます。

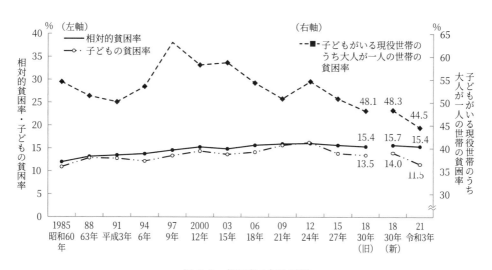

図 9.2　貧困率の年次推移
出典：厚生労働省（2022）2022（令和4）年国民生活基礎調査の概況. 14.

9.1.3　保護者が安心して預けられる保育者とは

保育者を目指すみなさんの中には、「子どもだけではなく、保護者からも安心して預けてもらえるような保育者になりたい！」と目標を掲げる人が多くいるのでは

ないでしょうか。それでは、保護者が安心して預けられる保育者とは、具体的にどのような保育者でしょうか。

1つには、「保護者の考えや思いを受け止め、尊重する姿勢」をもった保育者です。保育所保育指針（厚生労働省, 2017）第4章1に、「保護者の気持ちを受け止め、相互の信頼関係を基本に、保護者の自己決定を尊重すること」とあります。保護者を尊重し、保護者の立場に立ち、保育施設側の考えや保育者個人の考えを押しつけるのではなく、保護者の思いを受け止めながら「共に考える」ということが求められます。時には、保護者中心の考えに「それはちょっと」と思うこともあるかもしれません。そのような場合は、保護者の考えや思いを否定するのではなく、まずは理解しようと受け止め、その上で「子どもにとって」を保護者と一緒に考えることができるような関わりや支援を心がけましょう。

もう1つは、「保護者と一緒に子どもの成長を喜び合うこと」ができる保育者です。園生活の中で、子どもの小さな成長や頑張っていること、時には、子どもが葛藤し、困難を乗り越えようとしている姿などを保護者に伝えることで、保護者自身も保育者と一緒に子育てしているという感覚がもてるのではないでしょうか。

保護者が安心して子どもを預けることができる保育施設になるためには、保育者1人ひとりがこのような意識をもち、園内で共通理解を図ることで、保護者への信頼を得ることが大切です。そのためには、どの保育者も笑顔で挨拶してくれる、優しく声をかけてくれる、迎え入れてくれる等、明るく風通しのよい雰囲気を保護者が感じてもらえるような環境を作っていくことが求められます。

こんなとき、どうする？

ある時、A先生は、2歳児B児の保護者から、B児の発達のことで心配があると相談されました。A先生は、それほど心配しておらず、「お母さん、大丈夫ですよ」と笑いながらB児のお母さんに伝えました。それ以降、B児のお母さんの態度が変わり、挨拶もしてくれなくなりました。次の2つの視点から考えてみましょう。

①B児のお母さんの態度が変わったのはなぜだと思いますか？
②みなさんがA先生なら、その後B児のお母さんにどう接しますか？

9.1.4 保護者が子育てを楽しむために

次に、保護者自身が子育てを楽しむために、という視点で、保護者の子育ての現状から、保育施設としてできることを考えてみましょう。

保護者は、子育てについてどのような思いをもっているのか、「家庭教育の総合的推進に関する調査」（文部科学省，2022）を参照してみましょう（図 9.3）。子育てについての悩みや不安の程度は「いつも感じる」「ときどき感じる」をあわせると、67.8 ％になります。また、悩みや不安の内容を見てみると、1 番は、「子供の生活習慣の乱れについて悩みや不安がある（42.9 ％）」、次に「しつけの仕方がわからない（40.6％）」、続いて、「子供の健康や発達について悩みや不安がある（38.4 ％）」となっています。これらのことから、保護者の多くは、悩みや不安を抱えており、その具体的な内容は、子どもの生活習慣や成長、発達に関することであることがわかります。

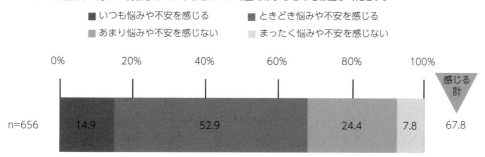

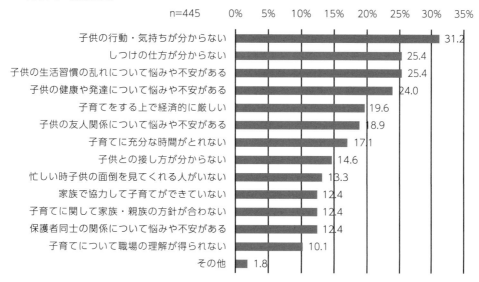

図 9.3　子育ての悩みの内容

出典：株式会社オノフ（2022）令和 3 年度家庭教育の総合的推進に関する調査研究～『家庭教育』に関する国民の意識調査～調査結果報告書．文部科学省．32-33．

それでは、保育者としてどのような支援ができるのでしょうか。先ほどの調査結果からもわかるように、子育て支援に必要なことは、保育施設での子どもの生活の様子や子どもの成長を伝えることです。ここでは、いくつかの方法を紹介します。

たとえば、個人面談の実施です。園生活が始まって少し経った6月頃、保護者とゆっくりと椅子に座って話すことで、保護者の子育て観や子どもの家庭での様子を知ることができます。一方で、保育施設として、担任として、どのようなことを目標にどんな活動をしていくのか伝える機会にもなります。また、5歳児の場合は、就学前を意識し、10月頃、もしくは1月頃に保護者と話すことで、小学校への円滑な接続にもつながると考えます。保護者は、保育者と対話することで、子育てに関する悩みを共有して安心したり、保育者から直接子どもの様子を聞くことで、子どもへの愛情がさらに高まり、「子育ては大変だけど、楽しい」ということに気づいたりするでしょう。

次に、保育参加の実施も有益な方法の1つです。保護者に、実際の保育に参加してもらうことで、日頃、保育者や保育施設が、保育の中で大切にしていることに気づいたり、子どもと園生活を体感することで、自分の子どもの友達関係や園生活におけるわが子を理解したりする機会になります。「百聞は一見にしかず」ではありませんが、保護者が自ら感じることができる保育参加の実施は、保育をより深く理解してもらうのに効果的です。

また、保護者が参画して共に体験できる園行事の企画・実施も重要です。たとえば、運動会の中で、保護者が子どもたちと一緒に楽しんでもらえるようデザインします。このように、保護者が参画して共に体験できる園行事の取り組みは、子どもにとっても、保護者にとってもよい思い出の1つになるでしょう。そして、「保育者と保護者と共に」子どもの成長を喜び合う関係構築といえるのではないでしょうか。

このように、保育者は、専門的な知識や技術を生かし、保護者に寄り添いながら、一緒に考える姿勢で関わることが必要です。さらに、保護者の思いを尊重し、最終的な意思決定は保護者ができるような支援を心がけたいものです。

9.1.5 保護者との日常的な連携のために

次に、日々の園生活の中での保育者と保護者の連携について考えてみましょう。保護者は、園での子どもの様子を些細なことでも知りたいと思うものです。そして、保育者は、そのような保護者のニーズに応えることが求められます。

たとえば、3歳未満児の場合、言葉の発達も未熟であるため、子どもが自分で親に伝えることは難しい年齢です。そこで、保育者と保護者の間では、連絡帳が活用されています。家庭からの記入内容は「日付、前日の就寝時間、起床時間、体温、

排便の有無、朝食の内容、また、自由記述欄」、保育施設からの記述内容は「午睡時間、食事の量と様子、体温、排便の有無、自由記述」となっていることが多いです。あくまでも、子どもにとっての情報を共有することが目的で、交換日記ではありませんので、記述の仕方に留意し、保育者と保護者という関係を忘れてはなりません。

【例　0歳児の連絡帳より】

6月　24日（水）	記録保育者（山田）
家庭より　昨日寝た時間（9:30）〜　起きた時間（6:30）体温（36.7℃） 　　排便（㊲　1　回　㊲通便・軟便・硬便・無） 　　朝、食べたもの（おかゆ、ブロッコリー・フォローアップミルク） 　　食べた量（普通・㊲・少） 連絡事項 　昨日は、便が出ていなかったので心配しましたが、今朝、たくさん出ました！　朝は機嫌がよく、ご飯もよく食べました。でも、いつものようにまだ哺乳瓶が恋しいようで、少しミルクを飲みました。まだ、やめなくてもいいかな、と思っています。甘いかな…。	
園より　午睡の時間（12:50）〜（14:00）　　午睡後の体温（36.6℃） 　　排便（有　　　回　普通便・軟便・硬便・㊲） 　　給食の様子（人参ご飯・ゆで野菜・煮魚）　食べた量（普通・㊲・少） 連絡事項 　便が出てよかったですね、今日は園では出ていません。水分を多めにとるようにしました。給食もよく食べて、もっともっとと、催促する声が出て可愛かったです。今日は、お散歩に行った時に、近所の犬が吠えたのでびっくりして少し泣いてしまいましたが、じーっと犬を見ていました。哺乳瓶は、お母さんのお考えのようにほしがったらあげてもよいと思います。少しずつ、減っていくと思います。	

　また、最近では、保育を可視化することが重要だとよくいわれます。保護者に保育を理解してもらうために、ドキュメンテーション（日々の保育を写真や文章で可視化して伝える方法）などを活用し、日々の保育を伝えています。このドキュメンテーションのよいところは、保護者に実際の保育をよりリアルに伝えられることだけでなく、子どもたちも振り返ったり、他の保育者にも伝えたりできることです。最近では、保育施設でもICTを導入するところが多くなり、ドキュメンテーションを園の保育室前に掲示するだけでなく、忙しい保護者が自分の好きなタイミングでいつでも見られるようにアプリなどを活用するところもあります。

　日々の園生活や遊びを、保育者、子ども、そして保護者で共有することで、子ど

もの主体性と大人の主体性がバランスよく共存し融合する「共主体」という考え方に基づき（大豆生田，2023）、まさに「共に育つ」という関係性が生まれます。

【例　4歳児の保育室前に掲示されたドキュメンテーション】

9.1.6 🌱 地域の保護者等への子育て支援

　続いて、地域の保護者等への子育て支援について考えてみましょう。幼保連携型認定こども園では、認定こども園法第2条第12項に規定されているように子育て支援事業を実施しなければなりません。子育て支援事業の1つに「地域の子どもの養育に関する各般の問題につき保護者からの相談に応じ必要な情報の提供及び助言を行う事業」と定められており、子育てに関する相談を受けることができる体制も整っているともいえるでしょう。この相談では、子どもや保護者にとって必要な機関に情報提供をしたりつないだりすることで、子どもの成長発達や虐待の疑い等の早期発見につながることもあります。このように、地域における子育て家庭の保護者と子どもが、就園前から保育施設とつながることは、保育施設が子どもの健やかな成長のために大きな役割を担っているといえます。幼保連携型認定こども園教育・保育要領（内閣府・文部科学省・厚生労働省，2017）第4章の子育ての支援では、「園児の保護者」と「地域における子育て家庭の保護者等」というように分けて、次のように示されています。

> 幼保連携型認定こども園教育・保育要領
>
> 第4章　子育て支援
>
> 第3　地域における子育て家庭の保護者等に対する支援
>
> 1 幼保連携型認定こども園において、認定こども園法第2条第12項に規定する子育て支援事業を実施する際には、当該幼保連携型認定こども園がもつ地域性や専門性などを十分に考慮して当該地域において必要と認められるものを適切に実施すること。また、地域の子どもに対する一時預かり事業などの活動を行う際には、一人一人の子どもの心身の状態などを考慮すると共に、教育及び保育との関連に配慮するなど、柔軟に活動を展開できるようにすること。
>
> 2 市町村の支援を得て、地域の関係機関等との積極的な連携及び協働を図ると共に、子育ての支援に関する地域の人材の積極的な活用を図るよう努めること。また、地域の要保護児童への対応など、地域の子どもを巡る諸課題に対し、要保護児童対策地域協議会など関係機関等と連携及び協力して取り組むよう努めること。
>
> 3 幼保連携型認定こども園は、地域の子どもが健やかに育成される環境を提供し、保護者に対する総合的な子育ての支援を推進するため、地域における乳幼児期の教育及び保育の中心的な役割を果たすよう努めること。

9.2 地域の中で子どもが育つために

　ここでは、保育施設の重要な役割でもある「地域に開かれた園」を意識した地域との関わりや、関係機関と連携するための保育者の役割について学びましょう。

9.2.1 　地域における園の役割とは

　保育所保育指針（厚生労働省、2017）には、第4章の子育て支援において、保育所を利用している保護者に対する子育て支援と共に、地域の保護者に対する子育て支援が明示されています。さらに、地域の関係機関等との連携として、「子育てに関する地域の人材と積極的に連携を図るよう努めること」と示されています。

　前節で述べたように、保育施設の役割として考えてみると、「地域に開かれた園」という言葉には、子どもの健やかな育ちには、地域との協同的な取り組みが重要だ

と読み取れます。そのためには、積極的に保育施設から発信することで、地域と共に子育てしやすい環境作りを共に行うことが必要です。

9.2.2 🦋 地域に開かれた園になるために

地域に開かれた園となるためには、どのようなことをすればよいのでしょうか。まずは、保育施設の周りの環境を見てみましょう。どのような地域に保育施設があるのか、地域性を分析することが大切になります。

たとえば、近くに商店街があり、自営業で祖父母と同居している世帯が多い地域やマンションやアパートが建ち並び核家族世帯が多い地域等、その地域性によって保育施設の子育て支援のニーズは変わってくるでしょう。1つの事例を紹介します。

【事例 9-1】地域の方と野菜を育てる A こども園の子どもたちと B さんの関わり

農業地域にある A こども園の周りには、ブロッコリーやキャベツの畑が広がっています。A こども園に通う子どもたちの中には、農業を営む家庭が多くあります。一方で、大きな企業の工場が近くにあり、両親共に同じ職場に勤めている家庭も多くあります。A こども園でも、子どもたちと食育の一環として、農園をもっています。しかし、先生たちは、野菜を育てた経験がなく、困っていました。そのような時に、A こども園に通う子どもの祖父母の B さん夫婦に声をかけると、快く引き受けてくださり、野菜の育て方等を丁寧に教えると言ってくれました。その後も、お孫さんが卒園した後もずっと園に関わってくださっています。野菜の育て方だけでなく、畑でできた野菜を届けてくれたり、畑で咲いた花などを持ってきてくれたり、A こども園のことをいつも気にかけてくれる存在になりました。保育者だけでなく、子どもたちとも関わることで、子どもとも関係ができ、近所であった時に「B さんだ！ こんにちは！」と子どもから声をかけてくれることが嬉しいと話してくださいました。

このつながりから、B さんの友達が、A こども園の子どもたちにバイオリンを演奏したいと言っていることを知り、早速、演奏会を行いました。子どもたちだけでなく、降園時間にあわせ、保護者や地域の方にも声をかけ、「A こども園の演奏会」として発信しました。その後、子どもたちは、保育の中で楽器に興味をもち、クラスで楽しんだり、手作り楽器を作ったりして遊びにつながりました。

このように、保育施設側は、こんなことがしたいという思いや考えを保護者や地域に発信することで、地域の協力を得ることが可能になります。そのためには、日頃から、地域に園の生活や子どもたちの様子を保育施設側から伝えていくことが必要です。

9.2.3 子どもを守るための連携体制

保育施設には、地域を含めた子育て支援が求められています。子育ては、保護者だけでするのではありません。また、保育者は、保育施設に通っている子どもだけを見ていればよいのではありません。保育者として、その専門性を発揮し「共に育つ」という考えのもと、子どもや家庭の状況にあわせた支援について、保育施設を中心とした様々な他機関との連携をしていかなければなりません。以下では、このことについて考えてみましょう。

子どもの病気や発達が気になる場合は、保健センターや児童発達支援センター、医療機関、小学校、市町村の家庭児童相談室、等との連携が必要です。子どもの発達に関して、保育者は、保育施設の中で、どのような支援ができるのか、また、保育施設の外へどのようにつないでいくかを十分に配慮した関わりが求められます。保護者の考えを尊重し、保護者との信頼関係が崩れないような支援が必要です。また、医療的ケア児の場合は、受け入れ前から施設面や人的配置等について検討し、関係機関との連携を図ることが必要です。

次に、虐待の疑いがある場合は、市町村の家庭児童相談室や児童相談所、警察等との連携が必要になります。保育者として、子どもの怪我や服装、食事の状況、また出欠席の状況等、小さな変化に対する保育者の気づきが、早期発見につながり、子どもを救うことができます。子どもが病気にかかったり怪我をしていたりしていても、保護者が病院に連れて行かないことも虐待になります。クラスに、少しでも疑われるような子どもがいた場合は、速やかに施設長へ報告する必要があります。

また、外国籍の家庭への支援については、市町村の担当課の通訳や保健センター、

地域の民生委員や主任児童委員等と連携することが必要です。現在では、翻訳機器を活用している自治体もありますが、通訳機器だけでは、日本語の微妙なニュアンスを伝えるのは難しく、通訳者が有効な時もあります。通訳者と通訳機器を上手に活用し、外国籍の保護者が安心できるような配慮が必要です。また、お祭り等の行事を通して地域とつながる機会を提供する等、保育者がパイプ役となり、他の保護者と接する機会を意識することが支援につながります。

　最後に、貧困家庭への支援としては、市町村の担当課や保健センター、家庭児童相談室などとの連携が求められます。保育施設で、保育者ができることは、とにかく毎日、保育施設に来るように促すことです。登園時に、子どもの心身の状態を把握し、場合によっては、食事や着替え、シャワー等の援助が必要になります。その際、他の子どもたちに触れない場所での対応に配慮します。

　このように、様々な家庭を支えるためには、保育施設だけでなく、行政や地域と協力することが不可欠です。そのためにも、日頃から、保育者1人ひとりが、積極的に地域に働きかけ、地域に愛される保育施設になることを目指すことが大切です。

こんなとき、どうする？

　運動会で、地域の方々と子どもたちが一緒に楽しめるような交流の機会を取り入れようと考えています。どのような参加の方法が考えられますか。

インクルーシブの視点から

　保育施設に入所してくる子どもたちだけでなく、保護者の環境も多様化しています。そのような状況の中で、インクルーシブの観点から、障害の有無や外国籍の子どもと保護者など、1人ひとりに必要な具体的な支援を保育者間で考えていく姿勢が必要になります。そのためには、保育者1人ではなく、保育施設だけでなく、行政や関係機関との連携を密にし、「子どもたちのために、保護者のために」を考慮した保育施設の在り方が求められます。「保護者と共に」をベースに、みんなが幸せになるために保育者としてできることを、保護者も行政も関係機関も一緒に考える機会をもち、対話することを心がけたいものです。

保育の道しるべ

　絵本の読み聞かせは子どもたちが大好きな時間です。ここでは、ある地域の保育園で20年

以上も子どもたちに読み聞かせをしている元小学校教師の方の事例を紹介します。A県G市のある地域の保育園に、子どもたちに「けいこお姉さん」の愛称で親しまれ、年間を通して「絵本の会」と題して絵本の読み聞かせの活動をしている方がいます。けいこお姉さんは、「子どもたちの体の中には「おはなし袋」があって、子どもたちはその袋を広げて待っている。だから、大人はいろいろなお話を入れてあげるんです。子どもたちがいろいろなお話を聞くことで心豊かに成長してくれるといいな、と思っています」と話してくれました。また、読み聞かせのよさは、自分のペースで読む楽しさもあるけれど、人に読んでもらうことで、耳から入って頭でイメージしながら心で感じることができる、豊かな感情が芽生えるのではと、子どもたちを見ていて感じているようです。けいこお姉さんの顔を知っている子どもたちのことを想い選んだ絵本の読み聞かせは、同じ地域の小中学校へと続いていきます。

園長先生からは、「この活動を通して地域の方に子どもたちのことを知ってもらいたい」と話していました。そのためには、保育園として子どもたちがどんな子どもに育ってほしいかを地域に伝えることが必要だと熱心に話してくれました。地域の方と共に、子どもたちを地域の一員として育てる意識をおもちなのだろうと感じました。さらに、保育者にとっても、けいこお姉さんと一緒に読み聞かせの時の子どもの様子について語り合うことで、その後の保育の気づきや学びにもつながっています。今後は、親子で読み聞かせを楽しむ機会を設けるとのことでした。この活動は、子育て支援の一環として担っていけることでしょう。まさに、子どもたちを地域と共に、地域の一員として見守り育てるということを保育園から発信しているといえるでしょう。

考えてみよう！

- 自分の住んでいる市区町村で実施している子育て支援事業について、実際にどんな事業をどこで実施しているのか調べてみましょう。
- 保育施設ごとの「子育て支援」の特徴について調べ、まとめてみましょう。
- 地域における子育て支援の活動として、保育施設でどのような活動ができるのか考えてみましょう。

引用文献・参考文献

こども家庭庁（2023）児童虐待防止対策 2. 児童虐待の定義. https://www.cfa.go.jp/policies/jidougyakutai （情報取得 2024/4/8）

こども家庭庁（2023）児童虐待防止対策 3. 虐待の現状. 1. https://www.cfa.go.jp/assets/contents/node/basic_page/field_ref_resources/a176de99-390e-4065-a7fb-fe569ab2450c/12d7a89f/20230401_policies_jidougyakutai_19.pdf （情報取得 2024/4/8）

こども家庭庁（2023）保育所等関連状況とりまとめ. 4. https://www.cfa.go.jp/policies/hoiku/torimatome/r5/ （情報取得 2024/4/8）

厚生労働省（編）（2017）保育所保育指針．フレーベル館

厚生労働省（2022）2022（令和4）年 国民生活基礎調査の概況．14．図13．貧困率の年次推移．https://www.mhlw.go.jp/toukei/saikin/hw/k-tyosa/k-tyosa22/dl/14.pdf（情報取得 2024/4/8）

厚生労働省（2021）令和2年度子ども・子育て支援推進調査研究事業 外国籍等の子どもへの保育に関する調査研究報告書．149．https://www.murc.jp/wp-content/uploads/2021/04/koukai_210426_16.pdf（情報取得 2024/4/8）

文部科学省（編）（2017）幼稚園教育要領．フレーベル館

文部科学省（2022）令和3年度家庭教育の総合的推進に関する調査研究 〜『家庭教育』に関する国民の意識調査〜 調査結果報告書．32–33．https://www.mext.go.jp/content/20220310-mxt_chisui01_-000021161_1.pdf（情報取得 2024/4/8）

内閣府・文部科学省・厚生労働省（編）（2017）幼保連携型認定こども園教育・保育要領．フレーベル館

大豆生田友啓・おおえだけいこ（2023）日本の保育アップデート！ 子どもが中心の共主体の保育へ．小学館．2–3．

第10章
多様性と包括性を意識した保育者

この章で学ぶこと

✿ 多様な子どもの理解とその背景について学ぶ。
✿ 多様な子どもたちが育ち合う保育の視点について学ぶ。
✿ 配慮を必要とする子どもを包括する保育実践について理解する。

　障害のある子ども、おかれた環境によって発達や行動が気になる子ども、日本語を母語としない子ども等、保育施設で過ごす子どもたちの背景も、近年は一層多様になっています。保育者は、保育の専門家として、多様な子どもたちが特別視されるのではなく、あらゆる子どもの多様性が生かされる保育を探求していきましょう。どの子どもも育ち合う仲間の一員として存在できることがインクルーシブな保育の基盤です。

10.1　配慮を必要とする子どもの理解

　ここでは、それぞれの子どもの背景からその多様性を理解しましょう。

10.1.1 🌸 障害の社会モデルから障害のある子どもを捉える

「障害」とはどのような状態をいうのでしょうか。「障害に関する世界報告書」（WHO, 2011）には、「障害とは、疾患（脳性麻痺やダウン症候群や鬱など）のある個人と、個人因子と環境因子（否定的態度、アクセスすることができない輸送機関や公共施設、限定的な社会支援など）の間の相互作用の否定的な側面を指す」と明記されています。これは、単に障害＝疾患という意味ではなく、当該者が抱える障害により社会的不利が生じ、障害のない人と同じ権利をもっているにもかかわらず、その権利が保障されず、人として生活していく中で生じる問題点までもが含まれている、という意味になります（鬼頭, 2024）。

また、WHO は 1980 年に障害に関する世界共通の理解を促し、科学的アプローチを可能にすることを目的として「国際障害分類（ICIDH）」を発表しましたが、心身機能の障害が生活能力に影響し不利益をもたらすという考え方では不十分であるとの見解から、2001 年「国際生活機能分類（ICF）」（図 10.2）に改めています（厚生労働省, 2002）。図 10.1 は、ICIDF と ICF の違いをまとめたものです。

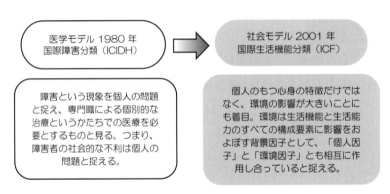

図 10.1 ICIDF と ICF

出典：厚生労働省（2002）日本語版「国際生活機能分類－国際障害分類改訂版－」より筆者作成

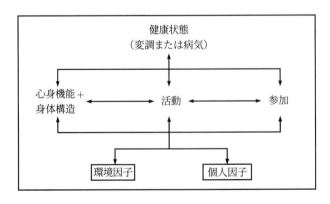

図 10.2 ICF の構成要素間の相互作用

出典：厚生労働省（2002）日本語版「国際生活機能分類－国際障害分類改訂版－」より一部改変

つまり、WHOが示す障害とは、障害という現象のみを捉えるのではなく、障害のある人が社会において生活していく上で生じる困難さや課題等に着目し、相互作用として生じる環境として包括的に捉える、という意味です。これを保育の場に当てはめると、障害のある子どもがみんなと一緒に参加できるようになることを目指したり、みんなと同じことができるように援助したりすることが保育者の役目ではなく、その子どもが所属する集団全体を捉え、子ども同士の相互作用を重視した働きかけが必要である、という捉え方になります（鬼頭, 2024）。したがって、クラスに参加・所属できないのは、障害のある子どもに問題があるからではない、という視点が必要です。障害の有無にかかわらず、その子どもにとって意味ある文化や他者との関わりを通して、その子らしさが浮かびあがってくることも含めて人は育っていきます（庄井, 2022）。

10.1.2 発達が「気になる子」の理解

よく、発達障害という言葉が使われますが、これは1つの診断名ではありません。注意欠陥多動性障害（ADHD）、学習障害（LD）、自閉症スペクトラム障害（ASD）とそれに類する状態のことを示す、これらの総称です（榊原, 2020）。発達障害の定義は、発達障害者支援法において「自閉症、アスペルガー症候群その他の広汎性発達障害、学習障害、注意欠陥多動性障害その他これに類する脳機能の障害であってその症状が通常低年齢において発現するものとして政令で定めるもの」（第2条第1項）と明記されています。なお、用語の見直しから世界共通の診断基準として用いられている「DSM-5 病名・用語翻訳ガイドライン」（日本精神神経学会, 2014）により、「障害」は「症」へ、「欠陥」は「欠如」と表現されるようになり、日本では病名が統一されていない現状があります。ガイドラインに従えば、注意欠如・多動症（ADHD）、限局性学習症（LD）、自閉スペクトラム症（ASD）という表記になります。

また、「気になる子」という表現も保育の場でよく使わる言葉ですが、どのような状態の子どもを指すのでしょうか。「気になる子」として対象となる子どもは、年齢が低い子どもの場合の検査の難しさや、発達検査による判定には及ばず診断名はつかないけれども、子ども集団の中で際立って見える子どもが保育者にとって気になり、発達に遅れがあるのではないか、という場合に使わる傾向があります。端的にいえば、保育する側の視点で捉えて、その子どもに「気になる子」と名づけている言葉になります。

「気になる子」という用語については、保育者の発話から拾いあげた表現であるものの、保育用語でも心理学用語でもありません（本荘, 2012）。鯨岡（2017）は、

「気になる子」というのは、子どもと保育者との関係性において問題になる概念であり、「気になる子」といわれている子どもが誰にとっても気になるわけではないため、「気になる」が誰にとっても同じ中身ではないと述べています。したがって、「気になる子」の統一した定義はありません。それゆえ、ここで気をつけたいことは、保育者のフレームで集団から逸脱する子どもを「気になる子」と捉え、さらには障害のある子どもに仕立ててしまうような状況に陥ることです。保育者は、安易に「気になる子」と捉えたり、「気になる子」という言葉を使ったりすることのないよう、保育者自身が多様な見方、多角的に捉える力を養っていく必要があります。

さらに、近年は児童虐待が大きな社会問題になっており、保育の場においても個々の内面を丁寧に読み取り、虐待の疑いにも注視することが求められています。虐待の要因には、貧困や複雑な家庭環境等、様々な背景が絡み合っています。これにより、不適切な養育環境で過ごす子どもは情緒不安定に陥ったり、発達する過程において子どもの育ちに影響を及ぼしたりすることも考えられます。したがって、保育者が捉える「気になる子」とは、必ずしも障害が疑われるとは限らないということを念頭におきましょう。

10.1.3 🎀 日本語を母語としない子どもの理解

日本で暮らす在留外国人は、2012年に外国人登録制度が廃止され、外国人住民にも日本人と同じように住民票が作られるようになったことで、2019年には過去最高となっています。コロナ感染拡大防止の施策により2020年から2023年は減少していますが、永住・長期滞在が可能な資格を有した外国人が日本で長く暮らしていくことで、結婚、妊娠・出産の増加にもつながっています。子ども・子育て支援推進調査研究事業として、2019年に実施された全国の市区町村の保育主管課を対象とした調査（厚生労働省，2020）では、回答団体（1047団体）のうち約7割の保育所等に日本語を母語としない子どもが在籍していると報告されています。

ところで、在留外国人の子どもに対する決まった呼称はなく、「外国につながる子ども」「外国にルーツのある子ども」「移動する子ども」「日本語を母語としない子ども」など様々な表現がなされています。「外国籍の子ども」と言わないのは、次の理由が挙げられます。毎年発表されている法務省入国管理局による統計には、外国籍登録の子どもしか反映されていません。しかし、国内には帰化した日本国籍の乳幼児の存在、両親のどちらか一方が日本人であり日本で出産した場合、最初から日本国籍で登録されている乳児の存在があります。したがって、日本国籍として登録されているが、家庭内では日本語を使用しておらず、日本語が全くわからない状態で保育施設に入園する子どもがいるということです。このような状況から、現時点

で統一された呼称はありません。本章では、「外国」「外国人」という言葉は日本国内からみて外の国、外の人という表現と捉え、「日本語を母語としない子ども」という表記をします。

さて、当然のごとく、日本語を母語としない子どもは、言語的な障壁からコミュニケーションが困難であり、それが大きな課題です。しかし、保育者と小・中学校の教員では、日本語習得に関する認識には大きな違いがあります。山本（2007）の研究では、保育士は入園から1年以内に子どもは日本語を完全に理解できるようになったと認識しており、言葉の習得の問題は比較的早期に解決すると見られています。一方で、小・中学校へと進学すると、日本語を完全に理解できるどころか、日本語能力が不足していると考える教員が増えています。

なぜ、このよう現象が起こるのでしょうか。この差が生まれるのは、保育施設で求められる日本語能力と、小・中学校の授業で求められる日本語能力の種類が異なるためです。言語能力は会話の流暢度（Conversational fluency：CF）、弁別的言語能力（Discrete language skills：DLS）、学習言語能力（Academic language proficiency：ALP）の3つの側面に区別でき（Cummins, 2011）、保育施設で求められる日本語能力はこのCFにあたります。子どもは、言葉の理解が曖昧なままでも周囲を見ながら行動をあわせたり、相槌を打ったりしながら保育活動に参加することはそれなりにできるため、保育施設でのやり取りは一見成立しているようにみえるのでしょう（鬼頭・松山, 2022a）。しかし、感情や意図などの抽象的な概念まで含めて年齢相応の日本語による伝え合いができているわけではないことを保育者は念頭におき、個々の日本語能力の課題にも注視していく必要があります。

こんなとき、どうする？

〜5歳児の日本語を母語としない子どもA児と保育者の会話〜

A児：昨日動物園に行ったよ。
　　　ゾウ、大きいよ。
保育者：そうだねー
A児：キリン、大きいよ。
保育者：キリンも大きいわね。
A児：ヘビも大きいよ。
保育者：○○○

さて、あなたが保育者ならどのようにやり取りをしますか？▶

10.2 インクルーシブな保育の理解

ここでは、インクルーシブ保育が求められるようになった背景及び、インクルーシブ保育とはどのような保育なのか、取りあげます。

10.2.1 ❀ インテグレーションとインクルージョンの違い

インクルーシブな教育・保育が求められるようになって久しいですが、インクルーシブ、インクルージョンという概念は、1994年にユネスコとスペイン政府がスペインのサラマンカで開催した、「特別ニーズ教育世界会議」において採択された「サラマンカ宣言」により提唱されました。その後、2006年に国連が採択した「障害者の権利に関する条約」において、共生社会実現に向けてインクルーシブで質の高い教育（保育）制度の確保が明示され、一層求められるようになりました。

「サラマンカ宣言」におけるインクルージョンは、ノーマライゼーションの理念（当たり前の人間として生き、扱われる基本的権利が確立されることを目指したもの）をもとにインテグレーションの発展型として提唱されました。インテグレーションの概念には、障害児・者を分け隔てなく社会の仲間として受け入れていくべきであるとしながらも、障害がある・なしの区別（図10.3）が前提にあります（鬼頭, 2023a）。それゆえ、健常児・者の枠組みに適応させていくことではないにもかかわらず、実際には単に統合したにすぎず、障害児・者が健常児・者と一緒に過ごすために適応できるように変えさせられたり、順応したりすることを期待される面があり、すべての障害児・者にとって有効とは限らない問題点もありました（直島, 2014）。日本では、このような保育は統合保育といわれてきました。

図10.3 インテグレーションのイメージ図　　図10.4 インクルージョンのイメージ図
出典：鬼頭弥生（2024）人との関わりが難しい子どもへの支援. 山本陽子・大浦賢治(編). 実践につながる 新しい保育内容「人間関係」. ミネルヴァ書房. 64.

では、インテグレーションとインクルージョンは何が異なるのでしょうか。

インテグレーションは「統合」と訳され、セグリゲーション（隔離・分離）と対峙する概念です。インクルージョンは「包摂」「包含」などと訳され、エクスルージョン（排除）に対峙するものとして提唱され、「健常児・者、障害児・者ともに分け隔てなく、初めから同じ社会の中で生活しているとする考え方」（直島, 2014）です。なお、サラマンカ宣言で提唱された「万人のための教育」を目的とするインクルージョンという概念は、障害のある人のみを対象にしているのではなく、あらゆる人が対象です。したがって、共生社会実現に向けて障害の有無、国籍の違い、大人と子ども、高齢者、妊婦等の枠組みを取り払い、境界線をなくし、すべての人が分け隔てなく共存している状態を指します（図10.4）。

10.2.2 インクルーシブ保育の捉え方

インクルーシブな保育が求められていますが、未だ定義として明確に打ち出されてはいません。そこで、ユネスコが2005年に発行した「Guidelines for Inclusion（インクルージョンのためのガイドライン）」の原文にあたると、以下の4つの定義が挙げられているので、ここでは要約して明記します。

① インクルージョンは、多様性に対応するための方法を探求していくプロセスのことである。
② インクルージョンは、障壁を見極め除去し、様々なエビデンスを用いて問題解決をしていくことである。
③ インクルージョンは、すべての子どもの教育への出席、参加、達成に関する質を保障することである。
④ インクルージョンは、除外・排除、またはリスクに晒されているかもしれないグループへの道義的責任を果たすことである。

上記の4つの定義を保育に置き換えると、インクルーシブ保育とは、あらゆる子どもの多様性が生かされる保育を探求していく過程を指し、その過程でそれぞれの子どもにとって障壁となっていることを見極め取り除き、すべての子どもが互いの存在価値を認め合いながら、発達していくことを保障することであると捉えられます。つまり、インクルーシブな保育は、1人ひとりのニーズが尊重され、どの子どもも育ち合う仲間の一員として参加できる保育実践であり、多様性を前提とする保育といえます（鬼頭, 2022b）。

したがって、保育者は周りの子どもに足並みを揃える視点から多様性を認め、その子自身がもっている力を発揮し、伸ばしていく視点に変わるとインクルーシブな保育実践に展開していくことができます（鬼頭, 2017）。

こんなとき、どうする？

～4 歳児クラスの自閉スペクトラム症でこだわりの強い B 児の参加の在り様～

B 児は、それぞれの役割を決めて行う劇遊びでは、気に入った場面しか参加しません。大縄跳びの場面になるとスッと入って来て楽しそうに一緒に飛んでいます。この場面が終わると、再び
ホールの隅に行き、1 人でブロック遊びを始めます。みなさんだったら、B 児の参加の仕方をどう捉え、どのような対応をしますか？

10.3　求められるインクルーシブな保育実践とは

　ここでは、保育所保育指針（厚生労働省, 2017）と幼稚園教育要領（文部科学省, 2017）を参考にしつつ、保育者として求められている専門性について考えましょう。

10.3.1　保育者に求められる保育実践

　2017 年に改訂された幼稚園教育要領には、冒頭に「前文」が加えられ「あらゆる他者を価値のある存在として尊重し、多様な人々と協働しながら様々な社会的変化を乗り越え、豊かな人生を切り拓き、持続可能な社会の創り手となることができるようにするための基礎を培うことが求められる」と明記されています。ここでは、インクルーシブという言葉こそ使われてはいませんが、あらゆる他者を価値のある存在として尊重し、多様な人々と協働しながら社会を作っていく担い手を育てることは、先述したインクルーシブ保育の捉えと同等の意味です。

　さらに、第 1 章 第 5「特別な配慮を必要とする幼児への指導」では「海外から帰国した幼児や生活に必要な日本語の習得に困難のある幼児については、安心して自己を発揮できるよう配慮するなど個々の幼児の実態に応じ、指導内容や指導方法の工夫を組織的かつ計画的に行うものとする」と明記されており、1 人ひとりが安心してその子らしさを表現できる働きかけが重要視されています。

　また、同年改定された保育所保育指針において、第 2 章 第 4「保育の実施に関して留意すべき事項」の中に、「子どもの国籍や文化の違いを認め、互いに尊重する心

を育てるようにすること」、「子どもの性差や個人差にも留意しつつ、性別などによる固定的な意識を植え付けることがないようにすること」が明記されています。これは、国籍はもちろんのこと、男の子だから、女の子だから、などという固定観念を保育者がもつことなく、多様な子どもがいることを前提とし、互いの違いを認め合い、1人ひとりが本来もっている能力を発揮しながら成長していける保育実践が求められていることを意味します。

多様な子どもたちの集まりですから、違うことが当たり前です。「違っていいんだよ」と、わざわざ声高に言う必要がないクラス集団を作っていくことが、インクルーシブな保育実践の基盤となります。

10.3.2 🦋 多様性を前提とする保育実践を考える

日本語を母語としない子どもは、日本語でやり取りができるようになると、園内で自分の母語を使わないようにする傾向があります。同じ母語を使う仲間に対しても園内でのやり取りは相手が困っている時以外、基本的に日本語を使う子どもがほとんどです。幼児であっても、自分が所属する集団にどう見られているのかを敏感に受け取ります。そのため、少数派となる日本語ではない言語を使用することで、否定的なまなざしを一度でも感じたら使わないようにします。でも、本当は自分ばかりがあわせるのではなく、みんなにも自分の母語を知ってもらいたいと思っています。ここに、自分の母語をクラスの仲間に広め生き生きと過ごすようになった4歳児R児のエピソード（鬼頭, 2023b）を紹介します。

R児は日本語が全くわからず、家に帰りたくて園を脱走しようとして失敗した後、どうにもならないことがわかり諦めつつも、時々パニック状態に陥ることが3か月ほど続きました。そんなR児に対して、担任の先生はR児の母語であるポルトガル語の単語を少し覚えて声掛けし、時には葉を持って「R児、葉っぱは何て言うのかなぁ」などと聞きました。担任の先生が、R児からポルトガル語を教えてもらうようなやり取りを時々行うようになると、R児は自分から先生に母語を発信するようになりました。

やがて、このやり取りに興味をもつ子どもが少しずつ現れ、仲間に加わり、特定の子どもと親しくなっていきました。次第にR児の母語に興味をもつ子どもが増え、クラスの子どもたちが「R児、机は何て言うの？」と聞き、R児がポルトガル語で答えると真似てみんなが言ってみる、というやり取りが増えていきました。R児は、自分の母語をクラスのみんなに発信できることがとても嬉しそうでした。単語によっては日本語を母語とする子どもたちには発音が難しく、なかなかうまく言えず、何度もR児が言ってみせます。上手く言えても言えなくても、みんなで笑い合い、まるでポルトガル語講座のような遊びが展開されるまでになりました。

園で日本語しか使ってはダメと思い込んでいたR児が、自分の母語を知りたがってくれる仲間の存在により、園でも母語を使う自分を受け入れてもらえたという実感を得ることができたのでしょう。R児は安心して自分らしさを発揮し、主体的に行動するようになっていきました。このエピソードから、日本語を母語としない子どもの母語も大事に扱い、母語を使っても大丈夫と思える環境作りが大事であることがわかります。母語はその子どもにとって心の拠りどころであり、人格の一部であると捉え、保育を構想しましょう。

こんなとき、どうする？

　クラスの子どもたちは、入園したばかりの日本語を母語としないC児と友達になりたくて、さっそく通称で呼びかけ、毎朝「おはよー」って寄って行きます。しかし、C児にとっては何を言っているのかわからない言葉で入れ代わり立ち代わり近寄ってくるので怖くてたまりません。担任のE先生以外、子どもたちが近くに来ただけで大泣きし、常にE先生にしがみつき、後ろに隠れて過ごす毎日です。みんなが一斉にトイレに行っている時は、トイレにも怖くて行けず、よくお腹をさする仕草をしています。

　これは、受け入れる側の日本語を母語とする子どもたちは、新しい仲間が来たことを大歓迎し、日本語を母語としないC児と友達になりたくて、C児に寄って行き、話しかけたクラスのエピソード（鬼頭, 2022c）です。みなさんだったら、C児にどのような働きかけをしますか？

インクルーシブの視点から

　インクルーシブな保育実践には、配慮を要する子どものみを問題視するのではなく、当該児が所属する集団を丸ごと捉える視点が必要です。個のみではなく、集団自体をどう育てていくかが鍵となります。

保育の道しるべ

　「こんなとき、どうする？」のエピソードC児は、E先生の働きかけにより次第にクラスの子どもたちと笑って遊べるようになっていきましたが、この過程でE先生はどのようにC児と向き合ったのか紹介します。

E先生は、「友達は怖くない」ということをなんとかC児にわかってもらいたくて必死でした。しかし、それまで行ってきた、みんなで一緒に同じ時間に一斉に取り組む活動スタイルは、何を言っているのかわからない言語を浴びせられる状況におかれたC児にとって、不安と共に怖さが増すばかりだと気づき、E先生は自身の保育を捉え直しました。日本語を母語としない子どもは、伝わらないから仕方がないという読み取りで片付けられる傾向がありますが、伝え合えないということ以外は国籍にかかわらず子どもの発達過程は同じであり、特有な発達過程をもち合わせているわけではありません。E先生はこのことに気づき、C児の抱える困難さをC児のみの課題から、クラス全員が抱える困難さ、さらには保育者側の課題と捉え直したことにより、保育を作り変えることができたのです（鬼頭, 2022c）。その子どもが置かれている環境によって派生する思いを理解し、その子どもの抱えるストレスを肯定的に受け止め、保育者自身の保育を問い直しながら、多様性が生かされる保育を探求していく姿勢が大切です。

- 言語によるやり取りが未熟な1歳児クラスでは、日本語を母語としない子どもの母語に関する配慮は特に何もしなくてよいでしょうか？ 必要ならどんなことが考えられるでしょうか。
- 4歳児クラスに在籍する自閉スペクトラム症のJ児は、こだわりが強く、自分が納得できること、興味のあることにしか参加しません。そのため、クラスの子どもたちは、「どうせJは来ないよね」と捉え、J児の席や決まったグループはありません。J児は、部屋に戻ってきた時にみんなが楽しそうに活動をしていると突然割り込んでいくので、クラスのみんなはJ児が来ると警戒もするようになっています。さて、このような場合、J児に対してどのような働きかけをするとよいでしょうか？
- 最近、H児はタオル掛けにタオルを掛けようとしません。保育者がH児のカバンの中を確かめるとタオルはいつも入っています。ちょうどこの頃、3歳児クラスの子どもたちは、それぞれ持ってきているタオルの見せ合いっこをするようになっていました。子どもたちは、自分の好きなキャラクターが描かれたタオルを持ってきたことが嬉しいようです。しかし、H児がいつも持ってくるタオルは、無地のタオルです。タオルを出さなくなったのは、これが原因のようです。さて、このような場合、どのような対応しますか。

引用文献・参考文献

Cummins, J.（著）・中島和子（訳著）（2011）言語マイノリティを支える教育. 慶応義塾大学出版会. 27–35.

本荘明子（2012）『気になる』子どもをめぐっての研究動向. 幼児教育研究, 16, 67–75.

鬼頭弥生（2017）インクルーシブ保育の理念と方法－保育実践の分析より－．豊岡短期大学論集, 14, 433–442.

鬼頭弥生・松山寛（2022a）日本語を母語としない子どもの言語指導のあり方－保育者の意識形成に着目して－．保育文化研究, 14, 23–34.

鬼頭弥生（2022b）インクルーシブ保育実践におけるクラス集団づくり－集団像に着目して－．東海学院大学研究年報, 7, 57–70.

鬼頭弥生（2022c）日本語を母語としない子どもに対する保育者の働きかけに関する研究－異言語環境に置かれて怖がる子のコミュニケーションに焦点を当てて－．国際幼児教育研究, 29, 89–103.

鬼頭弥生（2023a）障害など、特別な配慮を要する子どもの保育．大浦賢治(編)．実践につながる新しい乳児保育－ともに育ちあう保育の原点がここに－．ミネルヴァ書房．90–99.

鬼頭弥生（2023b）日本語を母語としない子どもがその子らしさを発揮していくプロセス－言語の選択に焦点をあてて－．保育学研究, 61（1）, 127–138.

鬼頭弥生（2024）人との関わりが難しい子どもへの支援．山本陽子・大浦賢治(編)．実践につながる新しい人間関係－共生を育む保育をめざして－．ミネルヴァ書房．58–68.

厚生労働省（2002）国際生活機能分類－国際障害分類改訂版－（日本語版）．WHO（世界保健機関）https://www.mhlw.go.jp/houdou/2002/08/h0805-1.html（情報取得 2023/9/9）

鯨岡峻（2017）「気になる子」から「配慮の必要な子」へ．発達, 149, 2–6.

三菱UFJリサーチ＆コンサルティング（2020）保育所等における外国籍等の子ども・保護者への対応に関する調査研究事業報告書．令和元年度子ども・子育て支援推進調査研究事業 https://www.mhlw.go.jp/content/11900000/000756537.pdf（情報取得 2024/9/30）

直島正樹（2014）障害児保育に関する理念と動向．堀智晴・橋本好市・直島正樹(編)．ソーシャルインクルージョンのための障害児保育．ミネルヴァ書房．81–105.

榊原洋一（2020）子どもの発達障害誤診の危機．ポプラ社

世界保健機関（2011）障害に関する世界報告書．（日本国立障害者リハビリテーションセンター，訳）．https://iris.who.int/bitstream/handle/10665/70670/WHO_NMH_VIP_11.01_jpn.pdf?sequence=15&isAllowed=y（情報取得 2024/9/30）

庄井良信（2022）子どもという存在/人間という存在．勝野正章・庄井良信(著)．問いからはじめる教育学．有斐閣．28–43.

汐見稔幸・無藤隆(監修)（2018）保育所保育指針・幼稚園教育要領・幼保連携型認定こども園教育・保育要領解説とポイント．ミネルヴァ書房

UNESCO（2005）. Guidelines for Inclusion: Ensuring Access to Education for All.15-16. https://files.eric.ed.gov/fulltext/ED496105.pdf（情報取得 2017/8/14）

山本菜穂子（2007）外国人幼児の保育園生活における発達過程―どのような契機で適応は進むか―．ククロス, 13, 81–95.

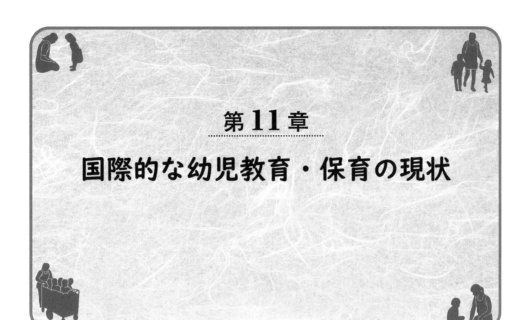

第11章
国際的な幼児教育・保育の現状

この章で学ぶこと

✿ 世界の乳幼児教育・保育の現状を理解する。
✿ 保育の質の諸側面とはどのようなものがあるかを学ぶ。
✿ 世界の幼保小接続の実際について知る。
✿ モニタリングとは何かについて学ぶ。
✿ ニュージーランド、イタリア、オーストラリアの保育の実際を理解する。

　日本の保育をより俯瞰的に見る上で、ここでは、世界各国で行われている保育に目を向け、考えてみたいと思います。おそらくそこから見えてくることは、世界との共通点が多いこと、一方で、人種・文化・価値観が多様であること、ではないでしょうか。子どもを1人の人間として愛し、その権利を尊重し、子どもの全人的な成長を願うからこその視点かと思います。世界全体の動きや各国の具体的な姿を見ながら、保育について、また自分のなりたい保育者像について考えてみましょう。

11.1　様々な国の保育を考える －OECD の報告より－

　最初に、乳幼児期の教育が生涯学習の基盤となることの重要性を認識し、乳幼児期の教育とケアについて調査を始めた国際機関である経済協力開発機構（Organization for Economic Co-operation and Development, 以下、OECD）の報告を紐解いてみます。OECD は 1998 年に「乳幼児期の教育とケアの政策」をテーマに調査を始めて以来、現在まで、毎回乳幼児期の教育とケアに関する様々なプロジェクトを立ちあげ、調査参加国からの情報を分析し、国際比較をしてきました。特に、保育の質に関する国際的議論は OECD を中心に進められてきました。昨今ほど、世界中がこの保育の質に注目している時代はないのではないでしょうか。

11.1.1　🌱 保育の質の諸側面

表 11.1　保育の質の諸側面

出典：Iram, S., Kingston, D., & Melhuish, E. (2016)「保育プロセスの質」評価スケール代表的な保育の質（淀川裕美・秋田喜代美, 訳）. 明石書店. 85. をもとに筆者改変

質の側面	内容	具体的な説明・例
志向性の質	政府や自治体が示す方向性	法律、規制、政策等
構造の質	物的・人的環境の全体的な構造	物的環境（園舎や園庭、遊具や素材、教材等）人的環境（保育者の養成と研修、保育者と子どもの人数比率、クラスサイズ、労働環境等）
教育の概念と実践	ナショナル・カリキュラム等で示される教育（保育）の概念や実践	（日本では、幼稚園教育要領、保育所保育指針、幼保連携型認定こども園教育・保育要領に示される保育のねらいや内容にあたる）
相互作用あるいはプロセスの質	保育者と子どもたち、子どもたち同士、保育者同士の関係性（相互作用）	子どもたちの育ちをもたらす、安心感や教育的意図等を含み込む、保育者や子どもたちの関係性
実施運営の質	現場のニーズの対応、質の向上、効果的なチーム形成等のための運営	園やクラスレベルの保育計画、職員の専門性向上のための研修参加の機会、実践の観察・評価・省察の確保、柔軟な保育時間等
子どもの成果の質あるいはパフォーマンスの基準	現在の、そして未来の子どもたちの幸せ（well-being）につながる成果	何をもって成果とするかは、各々の価値観等によって異なる

　保育の「質」の概念は、国によっても異なり、またどの立場から捉えるかによっても異なります。しかし、世界中すべての子どもの健やかな発達を保障・促進する

ため、保育の質の議論がOECDを中心に進められてきました。OECDでは、調査国におけるレビューをもとに、「スターティングストロングII（Starting Strong II, 通称SSII）」において、保育の質の諸側面について、次のように整理をしています（表11.1）。

①志向性の質　これは政府が示す方向性で、法律や政策などがそれにあたります。たとえば、こども子育て関連3法などがその例となります。

②構造の質　これは施設における物的な環境や、人的な環境の構造のことです。たとえば、物的環境としては園庭デザイン、人的環境としては、保育者に対する子どもの人数といったことです。保育の場を形づくるための大切な土台の部分です。

③教育の概念と実践　これは、ナショナルカリキュラム等で示される教育・保育の概念や実践です。日本の幼稚園教育要領、保育所保育指針、幼保連携型認定こども園教育・保育要領の保育のねらいや内容にあたります。①を受けて、それを具現化したものとなります。

④相互作用あるいはプロセスの質　保育者と子ども（たち）、子ども同士、保育者同士の関わりのことです。0歳児であれば、保育者との関わりが丁寧に繊細に行われ、安心できる場となることが大切になります。日々の保育実践そのものの部分です。

⑤実施運営の質　保育実践をよりよいものにするために、保育の計画を立てたり、保育者の技術や理解力を高めるための研修の機会があったりすることです。園全体で取り組むことが大切とされています。

⑤子どもの成果の質あるいはパフォーマンスの基準　今ここにいる子どもたちの、現在及び未来のウェルビーイング（その人にとっての善い満足できる状態、幸福）につながる成果かどうかということです。①～⑤までの結果として出てくる部分です。

11.1.2　幼保小接続

　幼保小接続が重視されているのは、日本だけではありません。世界共通の大事な視点で、OECDも保幼小接続に焦点を当てた報告書を出しています（OECD, 2017a）。幼児教育を進めていく上で、教育の総目標や指針を策定することは、その質を高め、維持していくために重要ですが、それは乳幼児期の教育・保育で終わるものではありません。乳幼児期の教育の枠組みが小学校での学びへと移行する時に、そこには連続性が伴う必要があり、そのために各国で工夫をしています。具体的には、カリキュラムの連続性や移行のための特別プログラムの作成などが挙げられます。

たとえば、スウェーデンを見てみましょう。カリキュラムは、就学前学校（1〜6歳）、義務教育学校（6・7歳〜16歳）、後期中等教育学校（16〜19歳）と3つの時期に分けて策定されていますが、7つの視点（民主主義、人間の生命の不可侵性、個人の自由と社会の統合、すべての人々の平等な価値、ジェンダーの平等、弱い立場や不利な立場にある人々との連帯、環境の準備）は、この3つの時期に一貫したもので、概念的には連続しています。特に、6歳児は、就学前学級に入ることができます。就学前学級は午前中3時間の活動で、文字や数字・科学などを、感覚を使い、表現を通して学んでいきます。この活動が小学校への橋渡しとなります（文科省, 2017; OECD, 2022）。

また、イギリスのウェールズでは、2006年に貧困地域での2〜3歳児への早期教育プログラム「フライング・スタート・プログラム（Flying Start Programme）」が始まり、2010年には、すべての3〜7歳児を対象とした法定カリキュラムが始まりました。ウェールズは、おおよそイギリスと同じ教育体制で、4歳児がナーサリーあるいはレセプションクラス、そして5歳からが小学校となりますが、3歳から7歳までのカリキュラムを導入することで、幼児教育と初等教育の橋渡しをし、両者間の移行を容易にしています（OECD, 2017b）。

その他にも、保育施設と学校及び地域との連携も、幼保小接続には大切です。子どもにとっても保護者にとっても、保育環境から学校環境へと移ることは非常に変化が大きく、期待もありますが不安も伴います。保育施設・学校と地域のつながりがしっかりしていると、子どもたちは社会情動的スキル、身体的・知的スキルをより発達させることができるとの報告もあります（OECD, 2006）。

11.1.3 モニタリング

それぞれの保育現場において、保育の質が向上しているのかどうか、どの部分を改善するといいのか等、実際に見ていくことは、子どもの充実した日々を保障し、よりよい保育をしていく上で、非常に大切になります。このように、制度の運用状況や実績を継続的に評価することがモニタリングです。OECDは、2015年の「スターティングストロングIV」で、OECD諸国の保育の質のモニタリング実施状況について報告しています。モニタリングの目的も対象も方法も、国によって様々ですが、調査参加国の多くは、次の3つの保育の質についてモニタリングを実施していました。それは、「サービスの質」「スタッフの質」「子どもの発達と成果」です（表11.2）。

保育・幼児教育は、すべての子どもが受ける権利であるため、私立の施設においても、公的な役割をもっています。また、保育の質は、あくまでも子どもを中心に

表 11.2 Starting Strong IV で注目している保育の質と OECD 諸国のモニタリングの実施内容（目的・対象・方法）
出典：Iram, S., Kingston, D., & Melhuish, E.（2016）「保育プロセスの質」評価スケール代表的な保育の質（淀川裕美・秋田喜代美, 訳）. 明石書店. 86. をもとに筆者改変

質の側面	目的	対象	方法
サービスの質	・サービスの質向上 ・政策策定のための情報提供 ・一般の人々への情報提供 ・明確な指導介入や報酬のための説明責任　等	・安全基準 ・スタッフの最低限の資格 ・健康や衛生上の規制 ・スタッフ：子どもの比率 ・屋内/屋外の面積 ・学びや遊びの素材 ・教材の使用　等	・視察 ・第三者評価 ・自己評価 ・保護者調査
スタッフの質	・サービスの質向上 ・政策策定のための情報提供 ・スタッフの学びのニーズの把握 ・スタッフの質向上 ・子供の発達の促進　等	・カリキュラムの実施 ・スタッフと子どもの関係のかかわり ・保育/幼児教育の全体的な質 ・保育/幼児教育の方法 ・スタッフ間の協同　等	・視察 ・第三者評価 ・自己評価ピアレビュー
子どもの発達と成果	・子どもの学びのニーズの把握 ・子どもの発達の促進 ・サービスの質向上 ・スタッフのパフォーマンスの向上 ・政策策定のための情報提供　等	・運動スキル ・社会情緒的スキル ・言葉や読み書きのスキル ・数のスキル・自主性・創造力・安定や安心（well-being）等	・観察（チェックリストや評価尺度） ・ナラティブ評価（ポートフォリオや物語を話す事） ・直接の評価（テストやスクリーニング）

据えて考える必要があります。そのような視点からの3つの保育の質をモニタリングします。では、これらのどのような点をモニタリングしているのでしょうか。その実施内容を少し見てみましょう。

①サービスの質　保育の質の諸側面（表11.1）の②にあたる部分です。ここで評価の対象となっているのは、保育者の最低限の資格や、保育者と子どもの人数比率、学びや遊びの素材などです。このような内容がどうなっているかを、外部評価あるいは内部評価しています。

②スタッフの質　ここでは、カリキュラムの実施や、保育者と子ども間の関わり、

保育者間の協働、保育・幼児教育の方法等が、評価の対象となります。こちらも、外部評価や内部評価を実施しています。

③子どもの発達と成果　この項目では、子ども自身の発達を、運動スキル、社会情動的スキル、創造力、ウェルビーイング、言葉や読み書きのスキル、数のスキル等の視点から見ています。子どもの姿を観察したものをチェックリストや評価尺度を使って測定したり、ポートフォリオなどのナラティブでの評価をしたりします。知識や技能、適性を測るテストをやっているところもあります。

たとえば、イギリスは、どの項目についても、国の教育水準局（Ofsted）が外部評価を行います。サービスの質や子どもの発達と成果について、保護者や保育者自身等の内部評価も併用しながら、その実態を明らかにしたり改善策を提示したりしています。

こんなとき、どうする？

世界中の保育者が集まりました。お互いに自分の国の幼保小接続について説明をするようです。あなたは日本の幼保小接続をどのように説明しますか。

11.2　各国の保育実践とその特徴

では、世界の様々な国の保育は実際にどのように行われているのでしょうか。また、国によってどのような特徴があるのでしょうか。いくつかの国の保育についてみてみましょう。

11.2.1　ニュージーランド

2017年に未来教育指数1位（The Economist）といわれ、世界中から注目を集めているニュージーランドの幼児教育・保育を見てみましょう。ニュージーランドの保育における育てたい子ども像は、「有能で自信に満ちた学習者であり、コミュニケーション能力者であり、心身ともに健康であり、帰属意識に安心感をもち、社会に価値ある貢献をしていることを自覚している子ども」です。それらを明文化したニュージーランドのナショナルカリキュラム（日本の幼稚園教育要領・保育所保育指針等に該当）を、「テ・ファーリキ（Te Whariki）」と呼んでいます。このテ・ファーリキはニュージーランドの保育の

理念となり、実践となる重要な道標です。本来テ・ファーリキというのは、ニュージーランドの先住民マオリ族の文化において、複数の人の手によって亜麻の葉で丁寧に交互に編みあげて作られる伝統的なマットを指しますが、このマットを製作するのには時間がかかり、また多くの人が関わるとのことですから、子どもを育んでいくことを象徴するものとして、そのものを表している言葉といえるのではないでしょうか。

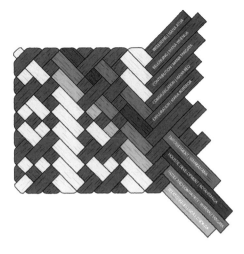

図11.1　テ・ファーリキ
出典：Ministry of Education（2017）. Te Whariki. 11.

テ・ファーリキは、4つの原則（エンパワーメント／ホリスティックな発達／家族とコミュニティー／関係性）と5つの要素（ウェルビーイング／所属感／貢献／コミュニケーション／探求）が、縦横に織り込まれる形で成り立っています（図11.1）。つまり、これらがお互いに関連し合っているということです（Te Whariki, 2017）。

ニュージーランドの保育は、遊びをベースとしたカリキュラムで、子どもたちの可能性を思い切り伸ばせるようにと考えられています。たとえば、部屋の中で絵本をゆっくり読んでいる子、絵の具を使って思い思いに絵を描いている子ども達などがいます。外では、石や木の実などを使って料理を作ってままごとをしている子どもたち、金づちや釘を使って大工仕事をしている子どもたちもいます。

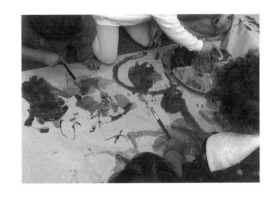

このような1人ひとりの子どもたちの姿を、丁寧に観察して記録にしていくのが、「ラーニングストーリー（Learning Story, 学びの物語）」です（谷島, 2022）。このラーニングストーリーを作る時のポイントは、その子の興味・関心がどこにあるのかに着目し、子どもを肯定的に捉えることです。そして、どのようなプロセスを経て、夢中に遊ぶ姿になり、思い切り試行錯誤し、様々な表現を使ってコミュニケーションしているか、というように、その子自身の学びのストーリーを写真や文章を使って記録していくのです。1人の子どもに1冊のラーニングストーリーのファイルがあるので、子ども自身はもちろん、保護者も見ることができ、共に子どもの成長を喜び合い、信頼関係も育まれま

す。そしてこれが、子どもの価値ある学び、たとえば、子どもが何に興味をもち、どのように成長しているか、を可視化するアセスメントにもなるのです。

11.2.2　🦋 イタリア（レッジョ・エミリア）

　次に、イタリアのレッジョ・エミリア市で20世紀中頃から続いている、レッジョ・エミリア・アプローチ（Reggio Emilia Approach）の保育について見てみましょう。こちらも、世界的に注目されている保育・幼児教育です（Milani, A., 2017）。

　レッジョ・エミリア・アプローチは、ロリス・マラグッチ（Loris Malaguzzi）の教育思想に基づいています。マラグッチは、子どもには100の言葉があるとして、その可能性を最大限に伸ばそうとしていました。そして、主に芸術をもとにしながら子どもと共に実践を重ねていきました。レッジョ・エミリアには、0歳から3歳の乳児保育所と3歳から6歳児の幼児学校があり、そこには、保育者の他、アトリエリスタ（atelierista）と呼ばれる芸術専門家と、ペダゴジスタ（pedagogista）と呼ばれる教育専門家がいて、協働で活動をしています。幼児学校の子どもたちは朝のミーティングで、自分たちがやっているプロジェクト（project：子どもたちの興味や関心から生まれた協働で行う活動、総合的な学びの時間）について話したり、やってみたいことについて保育者らの助けを借りながら、みんなに伝えたりします。活動に入ると、ある子たちは、外で絵の具を使って絵を描くことを楽しみ、また別の子たちは、写真を撮り、ICTを使ってその映像に加工を入れようといろいろ工夫しています。葉っぱをもっとよく知ろうと、光を当てて葉脈まで観察している子たちもいます。建物の内外には、子どもたちの作った作品が至るところに飾られています（レッジョ・チルドレン，2011）。

　これらの活動を、保育者は記録にとり、「ドキュメンテーション（documentation）」として記していきます。このドキュメンテーションは、活動内容の設定や発展・変更を考える上でも非常に重要な記録です。写真がよく使われていて、そこに細かに文章で書いてあったり詩のように短く書いてあったりと、記録の在り方はいろいろですが、プロジェクトの経過が豊かに記されています。また、100の言葉の通り、子どもたちの様々な姿が映し出されています。

　また、保護者も子どもを教育する活動において大切な一員です。プロジェクトを進める上で、作成する必要のあるものの手助けを保護者に依頼したり、保護者が保育者と交流したりする機会も多く作り、保育現場での活動の時も、共に子どもを育てているとお互いに感じています。

　レッジョ・エミリア・アプローチの大切なキーワードに、傾聴があります。子どもは、耳を澄まして、全身で聴き、感じる存在ですが、保育者も同様に、相手を1

人の人間として尊重し聴こうとすることは、子どもの日々の体験をより充実するものにするためには欠かせません。

11.2.3 🦋 オーストラリア

最後に、オーストラリアの保育を見てみましょう。

オーストラリアでは、図 11.2 で示すように、独立した国家機関によって運営されている National Quality Framework と National Quality Standard を基盤に、Early Years Learning Framework で、幼児教育のカリキュラムを定めています（ACECQA, 2022）。このカリキュラムでは、子どもたちの生活は、「属する」「存在する」「なること」が一番基本にあると

図 11.2　Early Yeas Learning Fremework ⓒACECQA (Licensed under CC BY 4.0)

し、そこから 8 つの原則（安全で、尊敬に満ちた互恵的な関係/パートナーシップの構築/多様性の尊重/アボリジニとトレス海峡諸島民の視点/公平性・インクルージョン・高い期待へのコミット/持続可能性/批判的内省と専門的学習/協力的なリーダーシップとチーム協働）と、7 つの実践（全体的・統合的・相互連結的アプローチ/子どもへの応答/遊びベースの学びと意図性/学びの環境/文化的な対応/学びの継続性と移り変わり/学び・発達・ウェルビーイングのアセスメントと評価）、そして 5 つの学びの成果（強いアイデンティティ/世界へのつながりと貢献/強いウェルビーイング/自信と積極的な学び/効果的な伝達者）が書かれています。

左記の写真の環境構成は、オーストラリアのある園のものです。子どもたちは自分の興味のある遊びに集中しますが、この園では月ごとに 1 つのコーナーの活動のテーマが変わります。この月は宇宙です。保育者は、宇宙に関連する掲示物を貼ると共に、ちょっと製作できるものも考えて置いています。1 つはロケットの製作、もう 1 つは、プラネットモデルやソーラーシステムの製作です。これらは、保育者が子どもの様子を見て、誘ったりもします。また、月の満ち欠けの形を毎日記入できる表を壁に貼って、グループタイムで、クラスの子どもたちに聞いたり描いてもらったりし

ます。
　保育者たちは、子どもの人権を非常に大切にしていますので、遊びから昼食の時間になる時も、遊びに夢中になっている子どもたちが自分たちで切り替えができるように、1人の人としての声がけをしています。

こんなとき、どうする？

　あなたが3歳児のクラス担任だと仮定しましょう。あなたのクラスに、ブラジル出身の女の子がやってきました。その子は、初日から泣いてばかりいます。今まで家では、自国の言葉を使っていたようで、日本語はほとんどわからないようです。次の日も、次の日も、園に来るものの、毎日ぐずっています。そんな状況をあなたなら、どうしますか？

インクルーシブの視点から

　特別な教育的ニーズのある子どものインクルージョンは、世界共通の重要目標です。特別な教育的ニーズとは、たとえば、民族・文化・障害・貧富の差・宗教等の違いからくるニーズのことですが、インクルージョンは、国によって強調点や注目点が異なります。しかし、国連の「児童の権利に関する条約」第23条は、すべてのあらゆる子どもたちは、十分かつ相応の生活を享受しながら、通常の自立したやり方でコミュニティへ積極的に参加する権利があることを謳っています。私たちは、どのような状況下にいる子どもにおいても、その人権を尊重し、等しく様々な権利を保障していく義務があります。
　各国の分析によると、特別なニーズのある子どもは、全体の15〜20％です。その大半の国は、保育施設で受け入れることが最適とされた場合、積極的に受け入れるようにと提言しています。北欧の福祉系国家は、入園登録の優先権など、配慮のある政策も設けられています（OECD, 2022）。
　民族文化に対してのインクルージョンも、移民が多い昨今、多くの国が行っています。たとえば、オーストラリア、デンマーク、ノルウェー、スウェーデン、イギリスにおける言語アシスタントの配置が挙げられ、これは、日本でも場所によっては行われている政策です。ただし、移民あるいは民族的マイノリティの子どもは、通常の保育施設にいること自体が少ないのも実情です。そのため、オランダでは、リスクある民族的マイノリティの家庭の2〜3歳児を対象に地元小学校と協力してプレイグループ活動をサポートしています。また、オーストラリアでは、地元の施設が利用できない先住民らに対する長時間デイケアなど、特別サービスを数多く提供しています。
　インクルージョンを行うにあたって、大切な視点は、「異文化が触れ合う中での保育では、

あらゆる種類の先入観・価値観・規範をどう扱うかの問題が含まれている」ということです。無意識にヒエラルキーをもっていたり、マイノリティの声を排除していたりするため、意識的に見ていくことが大切です。スターティングストロング白書（OECD, 2022）には、インクルージョンを進めることは、1）助け合いながら「共に生きる」経験を乳幼児に与えること、2）子ども1人ひとりの個別ニーズと学習パターンに焦点をあわせること、3）子どもの教育に対する親の積極的関与を促すこと、といった教育的効果も強化されると強調しています。

保育の道しるべ

よりよい保育を行うには、保育者への研修も重要なポイントです。ここでは、その研修について、アイルランドを見てみましょう。右図は、アイルランド・ノックナヒーニー地方の乳幼児福祉に力を入れている非営利団体 Let's Grow Together が、2023年に日本で彼らの活動について発表をした時のものです。

Katherine Harford 氏のご厚意による

アイルランドの保育・幼児教育は、幼児教育における国家的な質の枠組みのシオルタ（Síolta）と、0歳児から6歳児までを対象とした幼児教育カリキュラムの枠組みアイステア（Aistear）を基本としています。その上で、地域によって貧困等課題を抱えているところもあり、地域に根差した乳幼児期のためのプログラム（Area Based Childhood Programme）を考え、これらをもとに、保育者のための研修も考えられています。その中には、乳幼児と養育者の関係性に焦点を当て、ジョン・ボウルビー（John Bowlby）が提唱したアタッチメント理論（愛着理論）を基本にしている乳幼児のメンタルヘルスについての研修も体系化し、保育者への研修として組み込まれています。地域の課題として、乳幼児の心の育ち－社会的情動的発達により、重きをおく必要もあるかとは思いますが、一方で、現在どこの地域も必要としているものでもあるでしょう。

| タイトル　料理をしよう | 2023/9/11（月） |

1．写真のエピソード
何人かの子どもたちが、おままごとで料理を作っている。
ある子どもが石を肉にたとえて料理をしている。
すると、松ぼっくりを拾ってきて一生懸命ねじっている。
何しているのだろうと思い、尋ねてみるとお肉に塩をふっているのだと答えてくれた。
どうやら、松ぼっくりをペッパーミルのようにしていた。
しっかり石に落ちた松ぼっくりの破片をすりすりして味を染み込ませていた。

2．この写真を選んだ理由
料理をしているときに塩などで味付けしている親を見ているのだなと感じた。一生懸命ねじったり、周りに落ちている葉や松ぼっくりの破片を石に擦りつけたりしていて、とにかく子どもの観察力がすごいなと考えた。たくさん親の様子を観察して、それを身近なあるもので真似して子どもの観察力のすごさが身に染みた。これらの理由からこの写真を選んだ。

3．保育の展開についての記述
塩と言っていたが，塩以外にも胡椒などもあることを教えてあげたりすると、新しい知識を得られるのかと考えた。また、お肉だけでなく、他の料理ができるように提案して料理してみるのも面白いのではないかと感じた。

　レッジョ・エミリアではドキュメンテーションを作成したり、ニュージーランドではラーニングストーリーを作成したりして、子どもたちの活動のプロセスを記録したり、子どもたちの理解を深めていったりしていました。大学1年生が、ニュージーランドに実習に行った時にラーニングストーリーを真似して自分なりのものを作成してみました。

✎上のエピソードを読んで、思ったこと・感じたこと・考えたことを自由に話し合ってみましょう。

✎あなたは、このエピソードの保育がどのように展開していくと思いますか。考えてみましょう。

✎あなたも、実習での、あるいは、公園で遊んでいる子どもたちなどを観察して、考えて作成してみましょう。

❀ 引用文献・参考文献 ❀

ACECQA（2022）. The Early Years Learning Framework for Australia V2.0. https://www.acecqa.gov.au/sites/default/files/2023-01/EYLF-2022-V2.0.pdf（情報取得2023/9/27）

Department of Education and Skills（2017）．Siolta User Manual. https://siolta.ie/media/pdfs/siolta-manual-2017.pdf（情報取得 2023/10/15）

Iram, S., Kingston, D. & Melhuish, E.（2016）「保育プロセスの質」評価スケール代表的な保育の質（淀川裕美・秋田喜代美，訳）．明石書店．84–87．(Iram, S., Kingston, D., & Melhuish, E. (2015). *Assessing Quality in Early Childhood Education and Care*. U.K.: Trentham Books)

国立教育政策研究所（編）（2020）幼児教育・保育の国際比較．明石書店．

Milani, A.（2017）レッジョ・アプローチ 世界で最も注目される幼児教育（水沢透，訳）．文芸春秋．

Ministry of Education（2017）．Te Whariki. https://www.education.govt.nz/assets/Documents/Early-Childhood/ELS-Te-Whariki-Early-Childhood-Curriculum-ENG-Web.pdf（情報取得 2023/9/26）

文部科学省（2017）スウェーデン王国の教育制度．https://www.mext.go.jp/component/b_menu/other/_icsFiles/afieldfile/2017/10/02/1396864_017_1.pdf（情報取得 2013/10/8）

NCCA（2009）．Aistear. https://ncca.ie/media/6306/guidelines-for-good-practice.pdf（情報取得 2023/10/15）

OECD（編）（2022）OECD スターティングストロング白書．明石書店．82．

OECD（編）（2019）OECD 保育の質向上白書．明石書店

OECD（2017a）．Starting Strong V. https://www.oecd-library.org/education/starting-strong-V-9789264276253-en（情報取得 2023/10/8）

OECD（2017b）．Country Background Reports, Wales. 4–7. https://web-archive.oecd.org/2018-12-20/436773-SS5-country-background-report-wales.pdf（情報取得 2023/10/8）

OECD（2006）．Starting StrongII. 64–69, 125–126. https://www.oecd-library.org/docserver/978926403546/-en.pdf?expires=172540435/&id&accname=guest&checksum:OECD38FBDFC94802406F7062F42AC97EF（情報取得 2024/6/26）

レッジョ・チルドレン・ワタリウム美術館（2011）The Wonder of Learning レッジョ・エミリアの幼児教育 1．DVD

鈴木正敏（2014）幼児教育・保育をめぐる国際的動向．教育学研究, 81（4）．

谷島直樹（2022）ニュージーランドの保育園で働いてみた．ひとなる書房．132–157．

淀川裕美（2016）保育の質に関する国際的動向と我が国の課題（vol.1）保育の「量」から「質」へ、「構造の質」から「過程の質」へ：OECD の議論を中心に．生活経済政策, 235, 30-35.

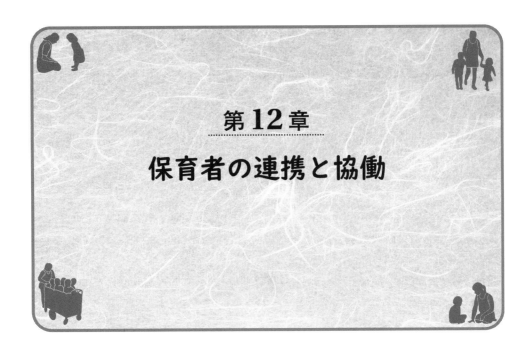

第 12 章
保育者の連携と協働

この章で学ぶこと

✿ 保育者の連携・協働の意義について理解する。

✿ チームとしての学校・園を踏まえ、教職員組織として保育を展開する重要性を理解する。

✿ 職員間の連携や地域・専門機関との連携・協働の具体例を学ぶ。

　この章では、職場内、及び関係機関における保育者の連携・協働について考えていきます。文部科学省から答申された「チームとしての学校」の概要や、保育所保育指針にみる保育における連携・協働を軸に、具体例を交えながら考えていきましょう。

12.1　保育における連携・協働とは

12.1.1　🦋 文部科学省答申「チームとしての学校の在り方」に至る背景と3つの視点

　文部科学省（2015）は、学校全体がチームとして機能していく重要性を鑑み「チームとしての学校の在り方と今後の改善方策について」を答申しました。この考え方

は、同じ学校教育の一環である幼稚園でも重視されています。

また、こども家庭庁の保育の方針として、「小学校就学前の子どもの健やかな成長のための環境の確保のため、保育所・認定こども園等の整備とともに、教育・保育の質の向上のための取組や、保育所等の人材育成・確保を通じて、就学前の全ての子どもの育ちの確保に取り組んでいく」とあります（こども家庭庁，2023）。よって、幼稚園と同様に、保育所・認定こども園等においても、保育の質の向上に向けて職員がチームとして協働しながら保育をしていくことが重要であるといえます。

(1)「チームとしての学校」に至る背景

上記の答申では、「学校において、子どもが成長していく上で、教員に加えて、多様な価値観や経験をもった大人と接したり、議論したりすることで、より厚みのある経験を積むことができ、本当の意味での「生きる力」を定着させることにつながる」という考えに基づき、「これからの学校が、教育課程の改善等を実現し、複雑化・多様化した課題を解決していくためには、学校の組織としての在り方や、学校の組織文化に基づく業務の在り方などを見直し、『チームとしての学校』を作り上げていくことが大切である」と述べています。よって、子どもにとって様々な価値観をもつ教師との出会いや経験を保障する上でも、学校組織の中で協力・分担して互いの力を発揮し合いながら、専門家組織として教育活動に取り組んだり必要な指導体制を整備したりすることを重視しています。

このような学校が困難を抱える背景として、都市化・過疎化の進行、家庭形態の変容、価値観やライフスタイルの多様化、地域社会等のつながりの希薄化や地域住民の支え合いによるセーフティネット機能の低下などが考えられます。また、情報技術の発展により、各種の情報機器が子どもたちの間でも広く使われるようになり、人間関係の在り様が変化してきています。したがって、子どもたちに多様な人とのつながりや対話を保障し、子どもの価値観を広げる経験に結びつける工夫が必要です。

加えて、「子どもの貧困対策に関する大綱（平成26年8月29日閣議決定）」では、学校を子どもの貧困対策のプラットフォームと位置づけて総合的に対策を推進することを目指し、学校は福祉関係機関との連携の窓口となることが想定されています。このような学校が抱えている課題は、すでに保育施設も抱えている問題でもあるため、学校と保育施設が地域を巻き込みながら、互いに連携していくことがさらに望まれます。

(2)「チームとしての学校の在り方」に見る保育者の協働の必要性

「チームとしての学校」の在り方として、校長のリーダーシップのもと、カリキュラム、日々の教育活動、学校の資源が一体的にマネジメントされ、教職員や学校内の多様な人材が、それぞれの専門性を活かして能力を発揮していくことが望まれます。そして、子どもたちが必要な資源・能力を確実に身につけられることを願っています。そのためには、以下の3つの視点に沿って検討を行い、学校のマネジメントモデルの転換を図っていくことが必要になります。

1) 専門性に基づくチーム体制の構築

教員が教育に関する専門性を共通の基盤としてもちつつ、それぞれ独自の得意分野を生かし、学校の中で、様々な教育活動を「チームとして」担い、子どもに必要な資質・能力を育むことができるよう指導体制を充実していくことや、心理や福祉等の専門スタッフが専門性や経験を発揮できる環境を充実していくことが重要です。

2) 学校のマネジメント機能の効果

管理職に優れた人材を確保するための取り組みを推進すると共に、学校のマネジメントの在り方等について検討を行い、校長がリーダーシップを発揮できるような体制の整備、学校全体を動かしていく機能の強化が必要です。また、主幹教諭の配置、事務職員の資質向上や事務体制の整備を行い、学校の事務機能を強化することが必要です。

3) 教職員一人一人が力を発揮できる環境の整備

「学び続ける教員像」の考え方を踏まえ、学校の組織文化も含めて見直しを検討し、人材育成や業務改善等の取り組みを進めます。また、学校事故や訴訟への対応について、教職員を支援する体制を強化していくことが望まれます。

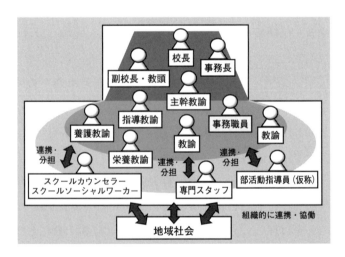

図12.1 チームとしての学校像
出典：文部科学省（2015）チームとしての学校の在り方と今後の改善方策について（中教審第185号）14.

以上のように、チームとしての学校とは、個々の教職員が力を発揮しながら連携・協働し、チームとして日々の教育活動を展開していくことを意味しています。また、学校組織だけに求められていることと捉えるのではなく、保育現場も

「チームとしての園」として園の教職員が連携・協働しながら、園が保育の専門家集団であることを前提に保育を展開していくことが期待されます。保育現場は、義務教育とは異なりますが、1) の専門性を高めていく集団、2) の園長のマネジメント力、3) の一人一人が力を発揮できる環境整備などが充実していくことが重要です。保育者1人ひとりが抱え込んで保育するのではなく、教職員集団で互いに支え合い協力し合い、互いに切磋琢磨しながら学び、協働していくことが必要となります。

12.1.2 🌸 保育所保育指針における保育者の連携と協働

前項のように、文部科学省では教職員の連携や協働の必要性について解説していますが、保育現場に目を向けると、保育所保育指針解説（厚生労働省, 2018）の第5章では、以下のように示されています。

【第5章 職員の資質向上 3. 職員の研修（1）職場における研修】

全職員が自身の保育を振り返り、自らの課題を見いだし、それぞれの経験を踏まえて互いの専門性を高め合う努力と探求を共に積み重ねることが求められる。このためには、<u>同じ保育所内の職員間において、日常的に若手職員が育つよう指導や助言をして支え合っていく関係をつくるとともに、日頃から対話を通して子どもや保護者の様子を共有できる同僚性を培っておくことが求められる。</u>

（下線部筆者）

上記は、保育の質の向上を目指す上で、保育園の職員間で互いに助言したり支え合ったりできる関係性の構築と、緊密な情報共有ができる体制の整備が提唱されています。ここで「同僚性」という言葉が出ていますが、「同僚性」とは、簡単にいえば、「保育者同士が互いに支え合い、高め合っていく協働的な関係」のことです。

この点に関し、紅林（2007）は、学校教育における同僚性の機能について、①教育活動の実践を支える機能（教師が現場で直面した課題に対して互いの力を持ち寄って取り込むことを可能にする働き）、②成長（力量形成）を支える機能（多忙な教師が学校内の優れた先輩・指導者を通して自らの力量を高める働き）、③癒しの機能（ストレスを低減させる機能）、の3つがあると述べています。これらを保育施設にふさわしいよう捉え直すと、①については、普段から保育者がみんなで保育を作りあげる「日常の保育を支える機能」に相当します。また、②については園内研修や園外研修の機会から学ぶ「学びの機能」といえます。最後の③のストレスを軽減させる「癒しの機能」については、そのまま保育施設でも通用するといえるでしょう。

同僚性はこのような機能をもち合わせていることから、保育現場でも同僚性を構築していくことが期待されると言えます。担任となれば、クラスの責任はありますが、決して1人で抱え込むのではなく「チームとしての園」として機能することが重要です。保育には正解はなく、日々、保育の振り返りをしながら明日につなげていくことが必要です。

こんなとき、どうする？

保育現場に勤務して1年目のA保育士は、職場の方たちから優しくしてもらっています。A保育士は、先輩保育士のように保育ができる自分でありたいと願い、そのためには自分で全部やらないといけないと思っています。年間カリキュラムや月案の作成、懇談会資料の作成など、かなり負担が多い現状があります。周りの職員の方は気遣ってくれますが、一人前の保育士として、自分でやらないといけないので、援助は受けたくない気持ちもあり、「大丈夫です」といろいろ断っています。こんな時、あなたがA保育士の同僚だったら、どのような言葉をかけますか？　▷

12.2 保育者の連携と協働の実際

続いて、保育者として園内外でどのように連携し協働していくかについて、具体的な事例を交えながら考えていきたいと思います。主に、「園内」「家庭・関係機関」「地域」の3つの視点における連携・協働に注目してみましょう。

12.2.1 園内における職員の連携・協働

【事例12-1】噛みつきを0にしたい

新規職員として配属されたB保育士は、2歳児クラス（16名）の担当となり、5年目の男性保育士、ベテランの臨時保育士（会計年度職員）と一緒に保育をすることになりました。個性の強い子が多く、トラブルになると噛みつきが起こることが多くあり、担任は噛みつきを減らす保育をしていきたいと考えていました。

B保育士にはジョブコーチ（職場の中での新規採用職員の相談役）がついて、新任職員の課題であるPDCAサイクルについて一緒に考えてもらい、そ

の目標を「噛みつきを0にする」にしました。B保育士の取り組みが園全体としての取り組みとして広がり、他の保育士たちは子どもの主体性について考えました。そのため、園の環境を「子どもが自分から遊べる環境」にしたいと願い、園に招いた外部講師から学び、クラスを超えた保育士同士の話し合いとなり、様々な実践をしていきました。また、外部講師の話は、正規保育士だけでなく、嘱託職員にも声をかけ、勉強したい職員が自由に参加して学んでいけるようにしました。

　この年度の前半は、環境整備に力を入れ、低い棚を購入し、遊び環境を整備していきました。噛みつきはかなり減りましたが0にはならず、後半はクラスをグループに分けて担当の保育士がついて保育を行ったところ、年度末には噛みつきは0になりました。

　事例12-1 は、保育士が協働しながら学び合う中で、「新規採用者研修（以下、新規研修）」から「園内研修」へ波及し、園全体で保育の質が改善された事例です。

　まず、新規研修で、フリー保育士がジョブコーチになり、B保育士との話し合いの内容を二者間だけに留めず、他保育士にも伝えました。次第に園内研修につながり、子どもの様子について話し合ったり外部講師の話を聞いたりして環境構成を考えるようになり、遊び環境についての見直しが始まりました。前節で紹介した同僚性の「学びの機能」が働いています。

押し入れを利用した環境

　それまでの2歳児クラスの室内環境は、部屋が狭いこともあり、壁に棚を配置し、中に玩具が置いてあるだけで、子どもが自ら遊びたいと思える環境とはかけ離れていました。外部講師の話や園長の話から、保育士たちは「環境を通しての保育」について考えるようになりました。たとえば「部屋が狭いから押し入れの中でも遊べるようにする」「着替えを室内で行うと遊んでいる子が遊びに集中できないから、着替えはトイレで行うようにする」などと見直し、保育をしながら、「ここに○○があるとよいね」などと会話して実現につなげました。話し合いは

トイレに個別着替え箱収納棚設置

必要ですが、特別に話し合いの席を設けなくても、隙間の時間で自分の思いを伝えたり、相手の話を聞いたりすることはできますので、そのような「ちょこちょこ話」をすることはお勧めです。この点は、前節の同僚性の「日常の保育を支える機能」が働いていたといえます。

新規研修でのPDCAサイクルでは、年度の前半で「遊び環境の整備」を行い、成果があがりました。年度の後半では「子どもたちを3グループに分けて特定の保育士が関わる」ことに取り組みました。担任が各グループにつき、時間差をつけて活動をしていく形態でしたが、少人数になることで子どもたちは落ち着いていき、その結果、2歳児の噛みつきは0になりました。

また、隙間の時間で話し合って互いに交流したことで、園内では「失敗しても大丈夫」と互いに認め合える関係性が構築されていきました。自分の意見を聴いてもらえる安心感があることが、自由に話す風土を作り出したといえるでしょう。この安心感がある「癒しの機能」が保育の基底にあることで保育者の意欲につながるだけでなく、「日常の保育を支える機能」と「学びの機能」が往還することで、さらに意欲が高まり、癒しの機能も豊かになっていました。自分が感じた感動や疑問を保育者同士で共有し、次にどう向かうかを話し合えると、保育はもっと楽しくなります。何よりも保育者がつながって「保育が楽しい」と思える環境が必要であり、そのことが保育をする意欲に直結しています。

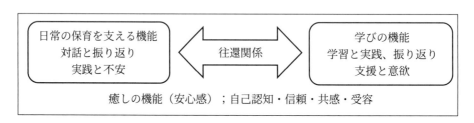

図 12.4 本事例に見る同僚性の3つの機能

12.2.2 🌼 家庭における関係機関との連携・協働

多国籍、発達障害、貧困、虐待など、保育施設の支援を必要とする多様な子どもがいる家庭が在籍しています。子育てに関しての情報収集もなかなかできず、不安を抱えている保護者も多い中で、子育て情報を伝える園の役割は大きくなっています。しかし、園だけでは解決できない事柄も多くあるため、外部の機関との連携が必要になります。

> **【事例 12-2】膝歩きではなく歩くようになってほしいと行った対策**
>
> 　1歳児で入所した7月生まれのC児は、膝やお尻で移動しており、歩くことができませんでした。受診している病院の状況を保護者から聞き取り、C児が歩けるようになるために担任と園長及びフリー保育士が一緒に対策を練りました。園庭では、築山の上り下りに誘い、負荷をかけた手押し車を作りその車を押して歩く練習をしてもらい、階段の上り下りや廊下は重りを入れた箱を押すなどして、足の裏を使って歩けるような場面を考えていきました。階段の上り下りなどは嫌がり、抱っこしてほしいと泣くこともありましたが、励ましながら保育者同士連携して対応していきました。その後、徐々に歩けるようになると、子どもも保護者も保育者もみんなが喜びました。病院での受診の際「保育園に行くと歩くようになりますよ」と言われたそうです。

　事例12-2は、歩くことができなかった子に、保育者同士がいろいろ考え、課題克服の対策を行った事例です。担任と園長及びフリー保育士が中心となり、子どもの体の発達や動きについて学び、手押し車の重りをどうするか、どれくらいの重さにするのがよいかなど話し合い、フリー保育士が中心になって道具を作っていきました。C児が、階段上りなどを嫌がってもみんなで励まして、自分の体を支える練習をしていくことなどの共有をしていきました。この例は、保護者を介して病院と連携した事例ですが、保護者の同意を得られれば、担任や園長が受診機関に赴くことは可能です。

　また、療育につなげることは大切ですが、その際には細心の注意が必要です。就学前については保育施設が責任をもって対応しますが、就学後は小学校に委ねられるため、その子を長期的に見ることができるのは家族だけになってしまいます。療育につなげることは、子どもに何らかの問題が起きたとき頼る場所につながるため、保護者にとって心のお守りになるのではないでしょうか。子どもの状況を適切に見極めた上で、必要に応じて療育につながるよう連携していくことは子どもや保護者にとっても有効であるといえるでしょう。

　療育センターの受診について保護者に打診する時は、まず保育施設でできる手立てを考えて実践し、子どもの成長が感じられるように努力することも必要です。保護者には、「家庭では問題ないと思いますが、園では集団において、この部分ではお子さんに困り感が見られます。今までこのように対応してきましたが、今行うことができる、もっと有効な手立てがあれば知りたいので、できれば療育センターに行かれませんか」と具体的な事柄を添えて、保護者に伝えることが大切です。信頼関

係が構築されていれば保護者も受け止めてくれるので、現在だけでなく、子どもと保護者の未来を考えて行動することが望まれます。

12.2.3 地域における関係機関等との連携・協働

地域の方と交流したり、その園がある自治体や関係機関とつながったりすることは、保育施設の孤立を予防することにつながります。特に地域の民生委員（厚生労働大臣から委嘱された非常勤の地方公務員として、地域住民の身近な相談相手となり、支援を必要とする住民を行政や専門機関とつなぐパイプ役）は、気になる園児や家庭の懸念事項を小学校と共有する時や、地域の心配な子育て家庭とつながる時も力を発揮しています。

> **【事例 12-3】地域のマンパワーとの連携**
>
> 家庭的に問題のあった卒園児が、朝の分団登校から遅れて1人で歩いている時に、その子のことを知っている方が「行ってらっしゃい、頑張ってね」と声をかけたと聞き、保育施設内でどのようにしていくことが望ましいのか話し合いました。地域とつながると子どもたちも安心なのではないか、地域の中で顔がつながる関係ができるとよいのではないか、と話し合い、民生委員に相談しました。その結果、時間に余裕がある老人会の会長さんを紹介してもらい、老人会とつながりました。

事例 12-3 は、地域の人が1人で登校する卒園児に声をかけた出来事をきっかけに、地域とつながる重要性を検討し、民生委員や老人会の方々とつながりを広げた事例です。

子どもと老人会の方が、お互いに顔見知りになることで、老人会の方から気軽に子どもたちに声をかけてもらいたい、将来的に子どもたちが地域で孤立しないでほしいという願いから、毎月老人会との交流会をもちました。子どもたちが普段取り組んでいる遊びを一緒にしてもらうなど、保育士に負担がかからない範囲で交流を進めました。

老人会の方と接していくうちに、畑作りのプロ、木工のプロ等、いろいろな特技をもった方がいることに気づきました。また、お稽古事にも精通されており、フラダンス、手話歌など、様々な特技を披露してくれることもありました。さらに、子どもと老人会の方が町で出会った時にお互いが挨拶をして、一緒にいた保護者の方が驚くこともありました。

ある日、老人会の方からの申し出を受けて、日頃歌われている手話歌を園児に披露してもらうことになりました。子どもたちは楽しんで聞いていましたが、聞くだけでなく「手話歌やってみたい」と声があがりました。園の中では子どもも大人も「やりたい」と思う意欲を応援していたため、園長に打診の上、すぐに年

長児の担任が老人会の方に楽譜を貸してもらいました。子どもとの応答性を考えると、このような瞬時の担任の判断も必要であり、すぐに年長児が手話歌の練習を始め、周りの職員はその応援をしていました。その後、年長児が手話歌を老人会の方の来園時に披露した時は、保育者たちも子どもたちも老人会の方々も、年長児たちに惜しみなくたくさんの賛辞を送っていました。

　上記は、地域の老人会と子どもたちが交流し、互いに関係を築くような円環的な連携の一例です。しかし、実際に交流した際には、子どもの様子について老人会の方々が気づいた内容を、保育者間で検討することもありました。一例として、老人会の会長から、子どものティッシュの乱雑な取り方について指摘があり、職員会議の中で、保育者が子どもの手本となり、一枚一枚丁寧に取って畳んで使うよう話し合いました。保育者が行うことで、1歳児の子もティッシュをたたんで鼻を拭いている姿も見られるようになりました。

　また、民生委員が仲立ちとなり、卒園児の状況について就学先の小学校の教頭先生との連絡が密になった事例もありました。教頭先生が、夏休みにご飯がきちんと食べられるか心配されていた卒園児の家庭があった際、園からは長い休みの時は祖母が面倒をみていることを伝え、区役所の保育課とも連携しながらケース会議につなげていきました。このように、地域の中で民生委員の役割は大きく、民生委員の仲立ちで地域の方が「子どもたちの応援隊」となり、顔を見知った方々が徐々に地域に増えていくような保育施設と地域の連携が期待されます。

こんなとき、どうする？

　D保育士は、新規保育士として、4歳児クラス17名の担任になりました。発達障害の子どももおり、2人の嘱託職員が日替わり交代で入る状態の中、保育と記録は大変そうでしたが、子どもたちと過ごすことは楽しいと言っていました。秋になり、

運動会（10月）と生活発表会（12月始め）が重なり行事の負担感が増す中、隣の4歳児クラスのベテランの保育士は、いろいろと構想を練り、子どもたちと楽しそうに保育をしています。一方、自分は力不足でクラスの子たちに悪いことをしているのではないか、自分は保育者に向いていないのではないか、と悩みが募り、保育者を辞めた方がよいのか考えるようになりました。こんな時、あなたがD保育士の立場ならどうしますか？

インクルーシブの視点から

　子どもも保護者も保育者も1人ひとり違うので、相手のことを慮って対応することや対話をしていく関係が望まれます。誰しも苦手なことをすることは気が進みませんが、得意なことなら集中して行うことができます。子どもたちが「やりたい」と思う環境を整えられるように、子どもを観察して子どもの願いをキャッチしていく積み重ねをしていくと、子どもたちは1人ひとりがいろいろな関係性の中で、自ら自分を伸ばしていきます。

　外国籍の子に対しては、世界地図等を部屋に置くことで、それぞれの子の国について学ぶことができ、相手を知ることで理解が深まっていくこともあります。自分の国がどこにあるかを友達と一緒に見て、会話している姿がありました。また、モンゴル出身の保護者が子どもたちに馬頭琴（モンゴルの遊牧民に伝わる二弦からなる擦弦楽器）を披露された時、モンゴルの家（パオ）の模型も持参され、子どもたちは興味津々で見ていました。知らない世界や異文化を知ることは子どもたちの思考の助けになるので、園の中で多様な環境を用意していくことが望まれます。

　また、障害児との関わりの一例では、近隣の園と年長児同士がドッチボール大会をした後でお互いに自己紹介をした際、クラスに在籍していたE児は、自分の名前が言えなかったのですが、その時は名前を言いました。するとクラスの子は、「Eちゃんが名前を言った！」と我がことのように拍手をして喜びました。子どもたちは、「自分たちとはちょっと違うけれど、Eちゃんも自分たちの仲間だ」と認識し、助け合っていました。

　子どもも、正しい情報を知ることや一緒に過ごすことで、相手の理解は増していきます。自分が知っていることや体感していることが、相手への理解を深める上で大切です。インクルーシブな保育は決して特別なものではなく、丁寧な日常を積み上げることで実現できます。そして、忘れてはならないことは、子どもだけでなく、保育者自身も大切にされるという「癒しの機能」がある環境で、失敗しても大丈夫と感じ、対話ができる環境が構築され「日常の保育を支える機能」「学びの機能」が働いている関係性を共に構築することが期待されます。

保育の道しるべ

　「不適切な保育」という言葉を耳にすることが多くなってきました。1965年の保育所保育

指針は「援助」ではなく「指導」の意味合いの強い文言が使われており、現在でも「子どもは指導して育てるもの」「クラスの子たちを思い通りに動かすことができる保育者がよい保育者」と勘違いされている土壌があります。保育所保育指針は4回改定されていますが、学び続けていないと旧態依然とした保育を続けることになるので、学び続けることが大切です。また、声の大きい方、力の強い方が主導権を握ることが往々にしてありますが、「本当にこれでよいのか？」と立ち止まって問い直す姿勢も大切です。養成校では保育の最先端を伝えているので、若い方の意見を保育施設に反映させることは、保育の質向上に有効です。言葉と実践が乖離しないように気をつけることが必要です。みなさんの感動や疑問を大切にして、その探求を始めるようにしましょう。

- 本章の中で「対話が大切」と何回も出てきましたが、その際の対話とはどのようなものをイメージしますか？
- 保育の中で大切にしたい「子どもの権利」と「保護者の権利」、そして「保育者の権利」とは何でしょうか？ あなた自身が大切にされている感覚を思い浮かべて考えてみてください。
- 日常的に行われている育児や保育の中で、もしかしたら不適切ではないかと思う行動はないでしょうか？

❀ 引用文献・参考文献 ❀

こども家庭庁（2023）こども大綱. https://www.cfa.go.jp/policies/kodomo-taikou（情報取得 2024/9/30）

厚生労働省（編）（2017）保育所保育指針. フレーベル社

厚生労働省（編）（2018）保育所保育指針解説. フレーベル社

紅林伸幸（2007）協働の同僚性としての＜チーム＞－学校臨床社会学から－. 教育学研究, 74(2), 36-50.

文部科学省中央教育審議会（2015）チームとしての学校の在り方と今後の改善方策について（中教審第 185 号）. https://www.mext.go.jp/b_menu/shingi/chukyo/chukyo0/toushin/1365657.htm（情報取得 2024/9/30）

白水始（2020）対話力. 東洋館出版社

第13章
保育者の専門職的成長

この章で学ぶこと

✿ 保育者の専門職的成長について理解する。
✿ 保育者の成長プロセスには、様々な段階や指標があることを理解する。
✿ 保育者の力量形成を図るための多様な研修を理解し、保育者として学び続けることの意義について自分の考えを深める。

　本章では、保育者は保育の専門職としてどのように成長していくのかという点に焦点を当てながら、学びを深めます。また、各キャリアステージで求められる力量の具体的内容や様々な方法、保育実践を積み重ねながら保育者として学び続ける意義について解説します。

13.1　保育者の専門職的成長とは

　保育・幼児教育を学ぶみなさんにとって「保育者になる」ということは、どのようなイメージを抱くでしょうか。大学卒業時に「資格や免許を取得したら保育者になることができる」と思っている方もいるかもしれませんが、就職後に保育者とし

て働き始めてから「少しずつ保育者になっていく」と考えた方が現実的かもしれません。

保育者として成長プロセスを大まかに捉えると、学生時代から専門職としての学びは始まっています。大学卒業時の免許・資格の取得は、保育者として成長し続ける上での「ゴール」ではなく、1つの「通過点」として捉えることもできるでしょう。以下、保育者がキャリアを重ねながら成長していくプロセスについて解説します。

13.1.1 キャリアとは何か

初めに、キャリア（Carrer）という言葉から、どのようなイメージをもちますか。一般的には、何の仕事に就くか、どのように出世したかなど、人が何らかの職業を選択した際の具体的内容や履歴をイメージすることが多いかもしれません。

しかし、キャリアとは、「人が生涯の中で様々な役割を果たす過程において、自らの役割の価値や自分の役割との関係を見出していく連なりや積み重ね」として捉えられています（文部科学省，2011）。人は常に他者や社会との関わりの中で、職業人・家庭人・地域社会の一員等の様々な役割を担いながら生きており、これらの役割は生涯という時間の中で変化・蓄積していくため、その価値を自ら判断し、取捨選択を重ねながら取り組んでいると考えられています。よって、キャリアとは職業の選択や履歴だけに留まらず、社会や多様な人々と関わり合いながら、自分の役割を吟味しながら主体的に選択し、その役割を果たす中で自分らしい生き方を見出すことといえます。

また、生涯発達の観点から、キャリアは段階を追って発達していくと捉えられており、社会的・職業的自立のためには、外部からの組織的・体系的な働きかけを通して職業人として必要な力量形成を促す必要があると考えられています（文部科学省，2011）。つまり、キャリア形成のためには、職業体験・実習・研修など、社会や職業に関わる体験的な学びを通して多様な気づきを得ることが、将来の展望を切り拓くことにつながるといえるでしょう。

13.1.2 🦋 保育者はどのような道筋をたどって専門職として成長していくのか

多様な職業人が、専門職として段階的に成長していくことを「専門職的成長（Professional Development）」といいます。ここでは、保育者が実践を重ねる中で専門職として成長していく道筋を示した「保育者の発達段階モデル」を紹介します。

表 13.1　保育者の発達段階モデル

出典：秋田喜代美（2000）保育者のライフステージと危機．発達．83．ミネルヴァ書房．50．をもとに筆者要約

段階	発達内容
初心者の段階	保育者として子どもに関わり保育を実践するが、まだ一人前の専門家としては認められていない段階。子どもの発達からその行為の意味やつながりを見ることが難しい。
初任の段階	先輩保育者から指導を受けつつ、保育者として認められ、保育実践と教育的役割を果たす段階。理論や学びを保育に生かせるが、自分の行為の理由や説明を言語化することは難しい。
洗練された段階	幼児教育・保育の専門家として、より意識を持つ段階。徒弟関係から同僚関係へと移行し、現実の事実をよく見ることを判断の基礎にできるようになる。
複雑な経験に対処できる段階	より熟達した保育者として保育実践に携わり、リーダー的機能を果たす段階。複雑な状況に対処できる経験や知識をもとに、保育のスペシャリストとして自律的に働く。
影響力のある段階	多様な役割と機能を果たした長い保育経験から、直接子どもと関わるだけでなく、職場のスタッフへの責任を負うようになり、保育に関わる社会的な問題についてもリーダーシップを発揮する段階。

表 13.1 は、保育者の社会的役割の視点からモデル化されており、保育者が専門職として成長する上で、子どもや自分のクラスとの関わりを中心とした直接的な保育実践に携わる段階から、子どもや保護者との直接的な関わりを超えて専門的なリーダーシップを発揮する間接的な保育実践の段階へと、徐々に移行しています（野口, 2013）。実践経験の蓄積に伴い、保育者は目の前の子どもの保育だけに終始せず、多様な視点から子どもや園全体を捉え、自らの役割を果たす必要があります。

13.1.3 🦋 専門職としての成長の道筋を可視化する意義

このように、大学等の養成段階から専門職としての成長は始まっているため、学生時代に学んだ知識が実践へ反映されるような「理論と実践の往還」が特に重要です。

この点に関し、文部科学省中央教育審議会は「令和の日本型学校教育を見据えた教師の在り方」を答申しています（文部科学省, 2022/2023；図 13.1）。特に、大学等の養成段階では、教育実習等の見直しや学校体験活動の積極的活用などの「理論

と実践の往還の重視」が、また、現場の研修等では、各地方自治体によって教師の成長の道筋をモデル化した「教員育成指標」の変更や見直しが提言されています。つまり、大学で学んだ基礎的な知識を現場の実践知と融合させ、より実践現場に根差した教師として成長していくことが期待されています。また、教師の成長プロセスを参照しながら自らキャリアアップしていくことや、個々の教師の成長だけでなく教職員がチームとして力を発揮できるような協働・連携（チームとしての学校；第12章参照）も必要です。

「令和の日本型学校教育」を担う教師及び教職員集団の姿（令和3年答申）

1. 変化を前向きに受け止め、教職生涯を通じて学び続ける
2. 子供一人一人の学びを最大限に引き出す役割を果たす
3. 子供の主体的な学びを支援する伴走者としての能力も備えている
4. 多様な人材の教育界内外からの確保や、教師の資質・能力の向上により、質の高い教職員集団を実現する
5. 多様な外部人材や専門スタッフ等がチームとして力を発揮する
6. 教師が創造的で魅力ある仕事であることが再認識され、教師自身も志気を高め、誇りを持って働くことができる

今後の改革の方向性（令和4年答申）

A) 「新たな教師の学びの姿」の実現
　① 子供たちの学びと共に教師自身の学び（研修観）を転換し、新たな教師の学びの姿（個別最適な学び・協働的な学びの充実を通じた主体的・対話的で深い学び）を実現
　② 養成段階を含めた教職生活を通じた学びにおける「理論と実現の往還」の実現

B) 多様な専門性を有する質の高い教職員集団の形成
　① 教師一人一人の専門性の向上・教職員集団の多様性の確保
　② 心理的安全性の確保・教職員の多様性を配慮したマネジメントの実現
　③ 学校の働き方改革の推進

C) 教職志望者の多様化や教師のライフサイクルの変化を踏まえた育成と安定的な確保
　① 教職課程の柔軟性の向上
　② 教師のライフサイクルの変化を前向きに捉えた採用・配置等の工夫

図 13.1 「令和の日本型学校教育」で目指す教師の在り方

出典：文部科学省（2021）「令和の日本型学校教育」の構築を目指して〜全ての子どもたちの可能性を引き出す、個別最適な学びと協同的な学びの実現〜（答申）．及び文部科学省（2022）「令和の日本型学校教育」を担う教師の養成・採用・研修等の在り方について〜「新たな教師の学びの姿」の実現と、多様な専門性を有する質の高い教職員集団の形成〜（答申）．より筆者作成

　このことは、学校教育現場のみに限らず、保育施設に勤める保育者にも同様のことが求められており、保育者の育成の道筋をモデル化した「保育者育成指標」が作成されています。下記は、保育者育成指標（三重県四日市市）の一例です。

表 13.2 保育者育成指標（三重県四日市市版）
出典：四日市市幼児教育センター研修情報．

保育者育成指標　保育者（幼稚園教諭、保育士、保育教諭）としての資質向上における指標モデル						四日市市
	ライフステージ	第1ステージ	第2ステージ	第3ステージ	第4ステージ	第5ステージ
		おおむね1年～4年	おおむね5年～10年	おおむね11年以上	副所(園)長・主任・教頭	所長・園長・施設長
		基礎形成期	伸長期	充実期	次世代育成期	深化・円熟期（管理職）
資質能力にかかる		保育の様々な実践のスキルを磨き、保育者としての基本を身につける。	基礎形成期の多様な経験に実践力を高めるとともに、チーム保育の大切さを認識し、若手保育者のモデルとなる。	多様な専門的知識と経験をもとに質の高い実践を展開するとともに、全園的な視野にたった指導力を身につける。	職員の人材育成を行うとともに、園長を補佐して園の教育・保育目標に向けた取り組みを推進する。	園の経営方針を示してとともに、組織的な運営を行うとともに、地域や連携機関と連携をとり取り組みを進める。
保育者に求められる資質	保育者としての姿勢・使命感	○子どもへの深い愛情と保育者としての責任感や使命感を持ち職務を遂行する。		○子どもへの深い愛情と保育者としての責任感や使命感を持ち、同僚の抱える課題に気づき、共に考え指導助言を行う。	○子どもへの深い愛情と保育者としての責任感や使命感を持ち、同僚の抱える課題をとらえ、指導助言を行う。	○子どもへの深い愛情と保育者としての責任感や使命感を持ち、職員に対して規範を示すとともに、園の社会的役割を理解して地域と共に園づくりをする。
		○園の役割や機能を理解し、保育者としての資質を高めるために自ら学ぶ意欲を持つ。	○自己課題をもって研修に参加し、同僚や自己課題を共有しながら学び続けようとする。	○自己課題をもって研修に参加し、同僚へ自己研修の大切さを示したり、指導力を高める。	○探求心を持ち自己研鑽に努めるとともに、園全体の動きを把握しながら職員研修のマネジメントをする。	○探求心を持ち自己研鑽に努めるとともに、一人ひとりの保育者の自己実現の場を確保し、園全体の学び合う雰囲気をつくる。
	倫理観・法令遵守		○高い倫理観に基づき、法令を遵守した教育・保育を展開する。		○高い倫理観をもって、法令を遵守した教育・保育を展開することについて保育者に指導・助言をすることができる。	
			○保護者や子どものプライバシーに配慮し、個人情報の保護を心がける。		○保護者や子どもの個人情報並びに園運営に関する情報の管理に注意をはらい、職員への情報管理の指導ができる。	
	コミュニケーション力	○相手の思いを受け止めるとともに、自らの考えを適切に伝え、子ども、保護者、職員と積極的に関わり、必要な報告・連絡・相談を行う。	○組織の一員として、職務を遂行するために必要な報告・連絡・相談を確実に行い、子ども、保護者、職員との信頼関係を構築することができる。	○子ども、保護者、職員、地域等との信頼関係を構築するとともに、同僚の抱える課題に気づき、共に考え指導助言を行う。	○子ども、保護者、職員、地域等との信頼関係を構築するとともに、同僚の抱える課題を捉え、一人ひとりの個性に合わせて指導助言する。	○子ども、保護者、職員、地域等との対話を促進し、信頼関係を構築するとともに、働きやすい職場づくりや地域との連携を進める。
	事務処理能力	○日々の保育を円滑に進行させるために必要な事務を行う。	○日々の保育を円滑に進行させるために必要な事務を的確に行うことができるとともに、若手保育者に助言を行う。	○日々の保育を円滑に進行させるために必要な事務を的確に行うことができるとともに、若手保育者に助言を行う。	○日々の保育を円滑に進行させるために必要な事務の的確に行うことができるとともに、同僚に指導助言を行う。	○日々の保育を円滑に進行させるために必要な事務について進捗状況を管理し、職員が自信をもって行えるよう、体制を整える。
教育・保育を担うにあたり必要とされる専門性	保育実践力 こども発達理解・人権意識	○子どもと共に行動し、子どもの思いや気持ちを丁寧に感じ取ろうとする。	○子どもの発達や個人差を理解し、一人ひとりのよさや可能性を把握する。	○発達や個人差の観点から子どもを理解し、保育が子ども理解を中心とした保育を進められるようにする。	○職員が子ども一人ひとりの発達や個人差に基づいて、子どもを多面的な視点で深く理解するよう具体的に示す。	○保育者が一人ひとりのよさや可能性を感じ取り、子ども理解を中心とした保育について学び合いの場をつくる。
		○差別や偏見を見抜く、基本的な知識を身につける。	○多様な価値観を尊重して、常に人権感覚を磨くとともに、人権意識を高め続ける。		○人権問題に対する正しい理解や認識を深め、問題解決に向けて確固たる姿勢を確立する。	
	保育の計画・評価	○要領・指針のねらいや内容を理解し、保育指導計画を作成し実践することができる。	○子どもの姿や「幼児期の終わりまでに育ってほしい姿」の視点で保育指導計画を立案し、評価・振り返りを繰り返しながら、見通しを持つ保育をする。	○園の行事や日々の保育などで実践の中心的な役割を果たし、職員と実践を振り返りながら長期の年間計画を見直していく。	○職員との話し合いに積極的に参加し視覚的に提示しながら、子ども中心の視点で年間指導計画の評価・改善に努める。	○保育者が全体的な計画を踏まえて長期的な多角的な視点から、よりよい実践ができる園環境をつくる。

表 13.3 保育者育成指標（三重県四日市市版）続き

保育者育成指標　保育者（幼稚園教諭、保育士、保育教諭）としての資質向上における指標モデル

四日市市

ライフステージ		第1ステージ	第2ステージ	第3ステージ	第4ステージ	第5ステージ
		おおむね1年～4年	おおむね5年～10年	おおむね11年以上	副所(園)長・主任・教頭	所長・園長・施設長
		基礎形成期	伸長期	充実期	次世代育成期	深化・円熟期（管理職）
資質能力にかかる		保育の様々な実践のスキルを磨き、保育者としての基本を身につける。	基礎形成期の多様な経験に実践力を高めるとともに、チーム保育の大切さを認識し、若手保育者のモデルとなる。	多様な専門的知識や経験をもとに質の高い実践を展開するとともに、全園的な視野にたった指導力を身につける。	職員の人材育成を行うとともに、園長を補佐して園の教育・保育目標に向けた取り組みを推進する。	園の経営方針を示して組織的な運営を行うとともに、地域や連携機関と連携をとり取り組みを進める。
教育・保育を担うにあたり必要とされる専門性	保育実践力					
	保育内容の理解と実践	○保育のねらいや内容を理解し、子どもの興味関心を考慮して、保育をすることができる。	○子どものつぶやきなどから、興味や関心のあることを捉え、活用できる環境を探り、実践を展開することを楽しんで行う。	○他クラスや他学年の保育の展開を意識して、園全体の環境を視野に入れて豊かなものや人との関わりを生み出す実践を行う。	○各職員の意見を反映しつつ、協働して子どもの主体的な遊びを保障するための環境構成を職員と共に作っていく。	○地域や園の実践を踏まえ、よりよい保育の実現に向けて、環境の維持改善に努める。
	特別な配慮を要する子どもの保育	○日常の姿から一人ひとりの発達や特性を理解し、その援助を知ったり工夫する。	○個と集団の育ちを意識して、一人ひとりの発達や特性を捉え、必要な援助を行う。	○保育者のモデルとなり、子どもたち（集団）の援助をするとともに、子ども一人ひとりに応じた適切な援助をする。	○各職員が一人ひとりの興味や発達に沿った環境づくりや援助を適切に行えるよう、指導助言する。○インクルーシブ保育の視点で職員と保育を振り返る機会をつくる。	○保育者が子ども理解の基に、一人ひとりに応じた援助を適切に行えるよう、学び合いの場をつくる。
	組織として園を支えるマネジメント力					
	組織としての園の理解と運営	○園の保育目標や組織を理解し、責任を持ってクラス運営をする。	○園の保育目標や組織を理解し、後輩に助言をしながら、組織のミドルリーダーとして園務の遂行に努める。	○園務について理解を深め、組織として中心的な役割を自覚し、よりよい園経営に向けて、園務を遂行しながら改善を提案する。	○職員の関心や立場、負担などを踏まえて、所長・園長を補佐しながら、よりよい園務の改善や遂行に努める。○問題解決に向けて、組織として対応できるようにする。	○園の課題を踏まえて、園務分掌の改善を図る。○カリキュラムを全職員に周知を図り、園全体の「保育の質の向上」に努める。
	職員間の連携	○組織の一員としての自覚を持ち、報告・連絡・相談の連携の大切さを知る。	○組織の一員としての役割や責任を自覚して、報告・連絡・相談など園内のチームワークを考えて行動する。	○それぞれの立場の職員と積極的に話をして理解を深め、よりよい実践になるよう保育者間の連携を図る。	○職場の人間関係が円滑にいくような雰囲気づくりをし、園長を補佐するとともに、職員と信頼関係を築き、必要に応じて職員を支援したり温かく見守る。	○保育者一人ひとりのよさを生かした役割を意識して、保育者間の連携が深まる体制づくりに努める。○園の問題や課題を子どもにとってどうなのかという視点で解決に導いていく。
	健康・安全と危機管理	○健康面・安全面などの危機管理を理解し、マニュアルに沿った環境を整える。	○園全体の危機管理について自分の役割を理解し、危険を察知し、すぐに発信し行動する。		○園長を補佐し、危機管理のためのマニュアルを整備し、園内体制を確立する。	○危機を予測し、危機管理のためのマニュアルを整備し、園内体制を確立する。
	家庭との連携と子育て支援	○保護者の気持ちに寄り添い受けとめながら、子どもの姿を共有し、保護者との良好な関係を築く。	○相談しやすい雰囲気をつくり、保護者の思いを受容的に受け止め、家庭との信頼関係を築く。○教育・保育の意図を保護者に伝える。	○保護者同士の関係をつなぎ、保護者が育ち合う場を提供する。○保護者に教育・保育の意欲や遊びや体験を通しての子どもの育ちを伝える。	○園内で役割分担をしながら、組織として保護者を支援するための役割を担う。○苦情処理能力を身につける。	○必要に応じて関係機関と連携できる体制を整え、園全体の連携する力を高める。
	地域・小学校・関係機関との連携	○地域の特性について理解する。	○地域の特性について理解し、連携・協働の大切さに気づき、保育に取り入れていく。	○様々な機会を通して子どもや保護者と地域とのつながりを深めていく。	○園長を補佐し、地域との信頼関係を築き、地域の特性を活かした園づくりを進める。	○地域との信頼関係を築き、地域の特性を活かした園づくりを進める。
		○幼児期の終わりまでに育ってほしい姿を理解して実践する。	○育みたい資質・能力について理解し、学びや発達を見通した計画及び実践を行う。	○育みたい資質・能力について理解し、子どもの育ちを伝える。	○育みたい資質・能力について理解し、カリキュラム等の見直しを図る。	○育みたい資質・能力について理解し、園内外に積極的に働きかける。

表 13.2 の保育者育成指標では、保育者としての資質や保育者に必要とされる専門性（保育実践力・マネジメント力）として、13 指標を具体的に示しています。また、保育者の実践経験に伴い、保育職に従事し始める第 1 ステージから管理職の第 5 ステージまで、各ステージで求められる内容を段階的に記してあります。

この指標は、保育者が自分自身の専門職的成長を見通した際に、現在のステージで何が期待され、どのような力量を身につければよいかを把握する道標になります。また、各ステージに応じた力量形成が図れるよう、市も多様な研修をデザイン・提供しています。よって、どのような道筋で専門職としてキャリアを形成していくかという視点を保育者と行政が共通理解できる有益なツールであるといえます。

こんなとき、どうする？

こども園に勤務する 2 年目の A 保育者は、職員会議に参加した際、不適切保育や子どもの人権について検討することになりました。表 13.2 の保育者育成指標の第 1 ステージ「人権意識」の欄には「差別や偏見を見抜く、基本的な知識を身につける」と記載されていますが、実際にどのような知識をどこから収集して学びを深めたらよいか悩んでいます。こんな時、あなたならどうしますか？ ▶

13.2　専門職的成長にとって大切なこととは

さて、保育者として成長していくためにはどのようなことが必要なのでしょうか。本節では、保育者の専門職的成長を支える上で重視されている取り組みを紹介します。

13.2.1　実習・ボランティア

学生時代における実習・ボランティアなどの現場体験は、専門職として成長していく上で初めて子どもと出会う重要な機会です。日々目標やねらいをもって臨み、1 日が終わった後に保育を振り返ることを通じて、保育現場でしか感じ取れない様々な実践的な学びを培う大切な場となります。

また、実習で憧れを抱く先生に出会えたことや保育方針に共感できる園にめぐり会えたことが、その後の学修意欲や就職へのモチベーションにつながることがあります。その一方で、「私は保育者には向いていないのでは？」「この園ではどのよ

な子どもを育てたいのかな？」と戸惑いや疑問を感じることもあるかと思います。

そのような時は、1人で抱え込まず、現場の保育者や大学の先生に相談してみると、解決の糸口や新たな展望が見つかることもあります。実習やボランティアで感じた喜びや感動、違和感や戸惑いを、実習後により深掘りしてみることは、新たな自分を見出すきっかけになります。自分自身の心が揺さぶられる体験の内実を、よく見つめてみてください。

こんなとき、どうする？

3週間の幼稚園実習に取り組んでいたBさんは、2週目のある日の反省会で「もう少し子どもの姿をよく捉えながら、個々の子どもへねらいをもって援助できるといいですね」と指導教員から助言をもらいました。Bさんとしては、できるだけ積極的に子どもと関わっていたつもりでしたが、指導教員から見ると、子ども1人ひとりへの意図が不明瞭だったようです。こんな時、あなたなら、翌日にどのような目標をもって臨みますか？　　　　　　　　　　　　　　　　　　　▷

13.2.2 　園内研修（OJT：On the Job Training）

園内で保育の質の向上のために行う研修を、園内研修（OJT）といいます。この園内研修は、保育施設において園長などの管理職も含め同じ職場に集う者が時間と場を共有し、共通の目標のもとで行われる研修を指します（中坪，2018）。例を挙げると、子どもの姿について話し合い見方を拡げる、援助の方法を共有する、環境構成や指導計画を検討するなど、保育者同士で園の保育を見直したり創りあげたりする中で、園全体の質の向上を目指す取り組みといえます。その他にも、保育を互いに見合う研究保育や、外部講師を園内に招いて助言を受ける研修などもあります。これらは、その園の研修計画に基づき、日々の保育実践の中で課題を持ち寄って園全体に共通した問題として取り組むことで、保育の改善を図ることを目的としています。

【事例紹介】エピソードに基づいて園全体で話し合う

ある園では、子どもの姿をエピソードと写真で示しながら、子どもの内面や保育者の援助の在り方を検討しています。他クラスの保育者もその子を理解する機会になり、園全体で共有しながら環境の再考や保護者への配慮を検討しています。

| 20XX 年 8 月 28 日 9 時頃 | 1 歳 7 か月（X 児） |

【子どもの様子（背景）】

　0 歳児から保育園に通っている X くん。今年度からは 0・1 歳混合クラスで過ごしている。「わんわん」や「ばいばい」など話せる一語文が増えてきたり、大人が話したことを真似て言葉にしたりするなど、言葉の面での成長を感じる。また、「絵本をもとに戻そうね」と伝えると、自分で片付けようとする姿もあり、大人が話す言葉の意味も理解して行動できるようになってきた。

　最近では、以前と比べて表情が柔らかく手が出たり噛みつこうとしたりする姿がほとんどなくなっている。噛みつこうとする姿は、時期によってよく見られる時と落ち着いている時がある。イライラしていると、表情が普段と比べて険しい様子も見られる。

【エピソード】

　室内では、それぞれが好きな遊びを見つけて楽しんでいた。X くんは、大きさが異なる 5 つのバケツを順番に上手に出したり戻したりして遊んでいる。他の遊びをしていた Y くん（0 歳児）がそばにやってきて、玩具を無理矢理取ってしまい、X くんは「イヤ〜」と声に出して怒る。保育者が間に入り「X くんが先に使っていたよ」と Y くんに伝え、玩具を X くんに返したが、諦めずまた取ろうとするので、玩具を抱えて取られないようにしていた。

　保育者が Y くんに「貸してだよって言おうね」と伝えると「かちて」と Y くんは伝えることができた。「Y くんが 1 つ貸してほしいみたいだよ」「どうぞできるかな？」と X くんに言葉をかけると、じっと考え始めた。

　少しすると「はい」と 1 つ渡してくれたので、「どうぞできたね、ありがとう」と頭を撫でると嬉しそうにする X くん。それからは、自分から「はい」「はい」と 1 つずつ渡し、自分の分がなくなっても満足そうにしていた。

【具体的な子どもの姿（写真）】

遊んでいた玩具を取られないように大事そうに抱える X くん

1 つ年下の Y くんに「ハイ」と貸してくれました！

使っていた玩具を全部渡して満足そうな X くん

【保育者の考察】
　最近のXくんは以前と比べると表情が柔らかく、噛みつこうとする前に「イヤ」などと声を出して知らせてくれたり、話しかけた際に目をあわせようとしたりしない姿が気になっていたが、顔を支えてあげると目をあわせてしっかり話を聞いてくれることが増えてきた。その他、保護者は仕事が順調に進みだしたことで、送迎時には以前よりも表情が明るく、気持ちに余裕があるように見える。保護者に気持ちの余裕が出てきたことで、Xくんの情緒も安定し、落ち着いて過ごせているのではないかと考えた。そのため、引き続き家庭との連携を密にしていく必要性を感じた。

　また、今回はYくんが貸してと伝えることが出来たことも、トラブルにならなかった要因の1つだと考える。Xくんを取り巻く環境の1つでもある友達も成長し、玩具を無理矢理取ってしまうことはまだあるが、以前よりも意思の疎通ができるようになり、気持ちが伝えやすく関わり方がわかってきたのではないかと思う。今回は上手に貸し借りができたが、思いを十分に伝えることは難しくトラブルになることはよくあるので、代弁しながら気持ちが満たせるように丁寧な関わりを心がけていきたい。

【園内研修の話し合いを通じて】
◆ Xくんが少しずつ言葉を覚え、自分にとって嫌なことがあった時や困った時は、言葉で大人に伝えられるようになり成長を感じた。
◆ 自分の気持ちを相手に伝えられるようになったことで「自分のことを理解してもらえている」とXくんが感じ、噛みつきがなくなってきたのではないかと思った。
◆ クラス内で保育者同士が話し合い、保護者に声をかけるようにしていたが、もっと園全体で保護者を気にかけて話すなど、困っていることや不安に思っていることを保護者から話しやすい環境を整えることができるとよりよかった。

(松阪市ちいさな保育園（私立）の研修事例から)

　この保育園は0～2歳児が通う小規模保育所（定員19名）で、家庭的な雰囲気の中で1対1の関わりを重視した保育を展開しています。特に、3歳未満児は保育士との応答的な関わりが重要であるため（厚生労働省，2017）、少人数のよさを生かしたきめ細やかな保育を通して、保育園と家庭が一体となって子どもの育ちを支えています。

　本事例のように、X児のこれまでの姿（背景）を踏まえた上で、Y児に玩具を奪

われないよう大切に抱きかかえる気持ち、Y児へ玩具を貸そうとする気持ちと自分が使いたい気持ちの揺らぎ、保育者に褒められて嬉しい気持ちなど、その場面を見ていない保育者にも伝わるように、エピソードと写真から映し出される情景を味わいながら園内で検討しています。また、保育者の考察の欄は、担当保育者の視点からX児を深く洞察して振り返ると同時に、園内研修の話し合いの欄では、実際にこのエピソードと写真を見ながら、他の保育者からも意見をもらうことで、園内でX児を理解するだけではなく、家庭支援を含めた包括的な支え方について考えを拡げています。

このような園内研修では、協議を通して多様な見方を共有し合うことで、保育者自身の見方に気づく自己理解と、保育者間の相互理解の両方を深めることができる保育カンファレンス（田中，2009）などが行われることが多いです。園全体で子どもを育むという視点に立つと、正解や意見の一致を求めるのではなく、参加者が子ども理解を深めたり自分の考え方を再構築したりすることが重要であり（古賀，2019）、保育者自身及び保育者同士の専門職的成長を支える大切な営みといえます。

一方、園内研修を実施する際の課題として、特に子どもの在園時間が長い保育園では、正規・パートの全職員が集まって話し合う時間を確保する難しさが挙げられます。本事例の園では、正規・パート職員が綴った事例を各クラスで話し合い、リーダーがエピソードや写真をまとめ、園全体で気づいた点を話し合うという方法で、限られた時間を有効的に活用しています。このように、各園の実態に応じて様々な工夫をしながら、保育者全員が参画できるような園内研修の充実が期待されています。

13.2.3　園外研修（Off-JT：Off the Job Training）

一方、同じ保育者の資質向上のための研修でも、保育施設から離れて園外で行われる研修のことを園外研修（Off-JT）といいます。具体的には、地方自治体・保育団体などが主催する研修に出向き、保育理論・指導法・実践、教材研究など多様なテーマに基づく講習やワークショップに参加する中で、資質向上を目指す取り組みを指します。また、他園との交流会や地域における公開保育なども含まれ、外部で得た学びを持ち帰り、自園の保育に反映させることが期待されています（矢藤，2019）。

厚生労働省（2017）は、保育士の経験年数や役職などの要件を満たした上で受講できる「保育士等キャリアアップ研修ガイドライン」を策定しており、1分野15時間以上を基本とした多様な分野の研修を受講することで、職務内容に応じた専門性の向上を目指しています（図13.2）。また、次世代の保育現場を担うリーダー的職員の育成を見据え、専門分野や保育実践だけでなく、実習生の指導や若手保育士の指導などの人材育成、働きやすい職場作りのためのマネジメント研修なども含まれ

ています。このように、保育者が園外の研修に参加して得た学びを、自園や自分自身の保育に生かしながら自律的に学びを深めていくことが、保育者のキャリア形成につながっていくと考えられています。

保育士等キャリアアップ研修の分野及び内容

研修分野	ねらい	内容	研修分野	ねらい	内容
①乳児保育（主に0歳から3歳未満児向けの保育内容）	・乳児保育に関する理解を深め、適切な環境を構成し、個々の子どもの発達の状態に応じた保育を行う力を養い、他の保育士等に乳児保育に関する適切な助言及び指導ができるよう、実践的な能力を身に付ける。	・乳児保育の意義 ・乳児保育の環境 ・乳児への適切な関わり ・乳児の発達に応じた保育内容 ・乳児保育の指導計画、記録及び評価	④食育・アレルギー対応	・食育に関する理解を深め、適切に食育計画の作成と活用ができる力を養う。 ・アレルギー対応に関する理解を深め、適切にアレルギー対応を行うことができる力を養う。 ・他の保育士等に食育・アレルギー対応に関する適切な助言及び指導ができるよう、実践的な能力を身に付ける。	・栄養に関する基礎知識 ・食育計画の作成と活用 ・アレルギー疾患の理解 ・保育所における食事の提供ガイドライン ・保育所におけるアレルギー対応ガイドライン
②幼児教育（主に3歳以上児向けの保育内容）	・幼児教育に関する理解を深め、適切な環境を構成し、個々の子どもの発達の状態に応じた幼児教育を行う力を養い、他の保育士等に幼児教育に関する適切な助言及び指導ができるよう、実践的な能力を身に付ける。	・幼児教育の意義 ・幼児教育の環境 ・幼児の発達に応じた保育内容 ・幼児教育の指導計画、記録及び評価 ・小学校との接続	⑤保健衛生・安全対策	・保健衛生に関する理解を深め、適切に保健計画の作成と活用ができる力を養う。 ・安全対策に関する理解を深め、適切な対策を講じることができる力を養う。 ・他の保育士等に保健衛生・安全対策に関する適切な助言及び指導ができるよう、実践的な能力を身に付ける。	・保育計画の作成と活用 ・事故防止及び健康安全管理 ・保育所における感染症対策ガイドライン ・保育の場において血液を介して感染する病気を防止するためのガイドライン ・教育・保育施設等における事故防止及び事故発生時の対応のためのガイドライン
③障害児保育	・障害児保育に関する理解を深め、適切な障害児保育を計画し、個々の子どもの発達の状態に応じた障害児保育を行う力を養い、他の保育士等に障害児保育に関する適切な助言及び指導ができるよう、実践的な能力を身に付ける。	・障害の理解 ・障害児保育の環境 ・障害児の発達の援助 ・家庭及び関係機関との連携 ・障害児保育の指導計画、記録及び評価	⑥保護者支援・子育て支援	・保護者支援・子育て支援に関する理解を深め、適切な保育を行うことができる力を養い、他の保育士等に保護者支援・子育て支援に関する適切な助言及び指導ができるよう、実践的な能力を身に付ける。	・保護者支援・子育て支援の意義 ・保護者に対する相談援助 ・地域における子育て支援 ・虐待予防 ・関係機関との連携、地域資源の活用
研修分野	ねらい	内容	研修分野	ねらい	内容
マネジメント	・主任保育士の下でミドルリーダーの役割を担う立場に求められる役割と知識を理解し、自園の円滑な運営と保育の質を高めるために必要なマネジメント・リーダーシップの能力を身に付ける。	・マネジメントの理解 ・リーダーシップ ・組織目標の設定 ・人材育成 ・働きやすい環境づくり	保育実践	・子どもに対する理解を深め、保育者が主体的に様々な遊びと環境を通じた保育の展開を行うために必要な能力を身に付ける。	・保育における環境構成 ・子どもとの関わり方 ・身体を使った遊び ・言葉・音楽を使った遊び ・物を使った遊び

図 13.2 保育士等キャリアアップ研修の分野及び内容
出典：厚生労働省（2017）保育士等キャリアアップ研修ガイドライン. 3.

13.2.4 🌸 保育者が学び続ける意義

最後に、みなさんが保育の専門職として成長を続けていくためには、図13.1にも示されている通り「生涯を通じて学び続けること」が重視されています。そのため

には、日々の保育の中で、この遊びは子どもにとってどのような意味があったか、保育環境や自分の関わりはどうであったかなど、子どもから学ぶという観点で省察することが大切です。

保育の道しるべ

> 　子どもらが帰った後、その日の保育が済んで、まずほっとするのはひと時。大切なのはそれからである。
> 　子どもと一緒にいる間は、自分のしていることを反省したり、考えたりする暇はない。子どもの中に入り込みきって、心に一寸の隙間も残らない。ただ一心不乱。
> 　子どもが帰った後で、朝からの色々なことが思い返される。われながら、はっと顔の赤くなることもある。しまったと急に冷汗の流れ出ることもある。ああ済まないことをしたと、その子の顔が見えてくることもある。———一体保育は…。一体私は…。とまで思い込まれることも屢々(しばしば)である。
> 　大切なのは此の時である。此の反省を重ねていける人だけが、真の保育者になれる。翌日は一歩進んだ保育者として、再び子どもの方へ入り込んでいけるから。
>
> 　　　出典：倉橋惣三（1976）「子どもらが帰った後」. 育ての心. 倉橋惣三選集第三巻, フレーベル館. 51；ルビ筆者

　第1章でも触れたように、日本の幼児教育の父と称される倉橋惣三は、「反省を重ねていける人だけが真の保育者になれる」と述べており、日々の子どもの姿や実践の意味を振り返る中で、保育者が子どもから学び続けることの重要性を説いています。これは、専門的な知識や技術を合理的に実践へ適応するような技術的熟達者（Technical Expert）ではなく、実践の中に埋め込まれた即興的・無自覚的な知を省察する反省的実践家（Reflective Practitioner）という専門職としての在り様にも通ずるものであり（Schön, 1983）、省察を通して課題を見出すことは保育者の成長には欠かせません。

　このように、専門職として成長していくためには、多様な新しい考え方や知見を吸収し続けることが必要となります。今後、みなさんが経験を積み重ねる中で、求められる内容が多様化・複雑化することも予測されますし、時代の流れによって必要となる知識や技術も変化していくでしょう。このような流動性を踏まえつつ、保育の不易流行を捉えながら学び続けることが大切ではないでしょうか。

　保育現場は、みなさんが少しずつ専門職として成長していくことを期待しています。焦らず気負わず、ゆっくりで構わないので、日々学び続けることを意識してみてください。

インクルーシブの視点から

> 　人間は一人として迎えられ、一人として遇せられるべき、当然の尊厳をもっている。ただに人間ばかりでなく、宇宙の一物といえども、もの皆個体の存在をもっているのであるが、人間において、特にその尊厳をもつ。
>
> 　これは、必ずしも、心理学的にいわゆる個性の別という意味ではない。個性は相対的のものであって、一人の価値はその個性の価値であるが、人間の一人は絶対のものである。各個の人間が銘々(めいめい)に有する、神聖なる尊厳である。すなわち、すべての人間は、その個性を尊重せられる権利をもつとともに、必ずその前に、一人として迎えられるべき尊厳をもっている。
>
> 　この意味において、一人を一人として迎えないことは、人間の尊厳をおかすことである。一人の一人たることを忘れるのは、人間に対する最根本的な無礼である。
>
> 　　　　出典：倉橋惣三（1976）「一人の尊厳」．幼稚園雑草．倉橋惣三選集第二巻，
> 　　　　　　　　　　　　　　　　　フレーベル館．35-36 より筆者一部抜粋；ルビ筆者

　人は、障害の有無や国籍、性別や年齢にかかわらずすべて平等であり、命の重みは一緒です。その唯一無二の命や人としての尊厳を慮る気持ちをもって人と関わり合うことは、保育者にとって不可欠な視点です。相手と自分は違うから「相手のことがわからない」と諦めるのではなく、「わからないからこそわかり合おうとする」という意識をもち続けることで、異他性を認め合い、お互いの尊厳を大切にしながら共に生きていく風土が醸成されていきます（上村，2022）。

　このマインドは、子どもだけでなく、保護者・保育者、そして自分自身も含めて、1 人ひとりの尊厳を日々重んじることが大切です。日頃から周囲の人を尊び敬うマインドをもち続けてください。

- 保育者の専門職的成長について、自分の言葉でまとめて説明してみましょう。
- 保育職に就いて 5 年目になった時の自分をイメージした際、あなたは「どのような保育者になっていたい」と思いますか？ 書き出してみましょう。
- 今の自分の中で「これだけは大切にしたい」と思える根幹的なマインドは何でしょうか？ 周りの人と話し合ってみてください。

引用文献・参考文献

秋田喜代美（2000）保育者のライフステージと危機．発達．83．ミネルヴァ書房．48-52．
古賀松香（2019）カンファレンス．秋田喜代美(監修)．保育学用語辞典, 中央法規出版．85．

厚生労働省（編）（2017）保育所保育指針．フレーベル館．13–22．

厚生労働省（2017）保育士等キャリアアップ研修ガイドライン．https://jsite.mhlw.go.jp/miyagi-roudoukyoku/var/rev0/0119/7608/ho4.pdf（情報取得 2023/9/11）

倉橋惣三（1976）育ての心．倉橋惣三選集第三巻，フレーベル館．51．

倉橋惣三（1976）幼稚園雑草．倉橋惣三選集第二巻，フレーベル館．35–36．

文部科学省（2011）今後の学校におけるキャリア教育・職業教育の在り方について（答申）．https://www.mext.go.jp/component/b_menu/shingi/toushin/__icsFiles/afieldfile/2011/02/01/1301878_1_1.pdf（情報取得 2023/9/11）

文部科学省（2021）「令和の日本型学校教育」の構築を目指して～全ての子どもたちの可能性を引き出す、個別最適な学びと協同的な学びの実現～（答申）．https://www.mext.go.jp/b_menu/shingi/chukyo/chukyo3/079/sonota/1412985_00002.htm（情報取得 2023/9/11）

文部科学省（2022）「令和の日本型学校教育」を担う教師の養成・採用・研修等の在り方について～「新たな教師の学びの姿」の実現と、多様な専門性を有する質の高い教職員集団の形成～（答申）．https://www.mext.go.jp/b_menu/shingi/chukyo/chukyo3/079/sonota/1412985_00004.htm（情報取得 2023/9/11）

中坪史典（2018）保育を語り合う協働型園内研修のすすめ：組織の活性化と専門性の向上に向けて．中央法規出版．2–4．

野口隆子（2013）保育者の専門性とライフコース - 語りの中の"保育者としての私"．発達．134．ミネルヴァ書房．59–64．

Schön, D.A.（2007）省察的実践とは何か：プロフェッショナルの行為と思考．（柳沢昌一・三輪建二, 訳）．鳳書房．50–72．(Schön, D.A. (1983). *The Refrective Practitioner: How Professionals Think in Action.* Basic Books, Inc.)

田中孝彦（2009）子ども理解：臨床教育学の試み．岩波書店．39–43．

上村晶（2022）保育者は子どもとどのようにわかり合おうとするのか．風間書房．205–228．

Vander, V. K.(1988). Pathways to Professional Effectiveness for Early Childhood Educators. In Spodek, B., Saracho, O. & Peters, D. L. (Eds), *Professionalism and the Early Childhood Practitioner.* New York: Teachers College Press. 137-160.

矢藤誠慈郎（2019）園外研修．秋田喜代美(監修)．保育学用語辞典，中央法規出版．198．

四日市市幼児教育センター研修情報．https://yk-youji-kyouiku.com/training-info/（情報取得 2023/7/21）

第14章
保育者に求められる資質や専門性

この章で学ぶこと

❀ 幼稚園教育要領や保育所保育指針等で提唱されている保育者の専門性を学ぶ。
❀ これからの社会に求められる保育者の専門性の在り方を考える。
❀ 専門性を高めるための組織的取り組みについて理解する。

　日々、子どもと遊び、成長を促す保育者になるためには、様々な業務をこなし、子どもの様子を読み取り、遊びを広げ展開するだけではなく、記録をまとめ、計画を作り、保護者と話し合うことなど、多くのことを行わなければなりません。また、ピアノを弾いたり、製作をしたり、一緒に踊ったりすることも求められるでしょう。

　このような保育者は、つきつめれば、何の「専門家」と考えるべきでしょうか？本章では、このような問いに立ち、一緒に考えていきたいと思います。

14.1　法令上における保育者の専門性

　保育者に求められる専門性とはどのようなものでしょうか。以下、幼稚園教育要領（文部科学省, 2017）と、保育所保育指針（厚生労働省, 2017）、幼保連携型認定こども園保育・教育要領（内閣府・文部科学省・厚生労働省, 2017）を中心に見て

いきましょう。

14.1.1 幼稚園教育要領における専門性

幼稚園教育要領には、教師の役割として次のようにまとめられています。

> 第1章 総則 第1 幼稚園教育の基本
> 　教師は、幼児の主体的な活動が確保されるよう ①幼児一人一人の行動の理解と予想に基づき、計画的に環境を構成しなければならない。この場合において、教師は、幼児と人やものとの関わりが重要であることを踏まえ、②教材を工夫し、物的・空間的環境を構成しなければならない。また、幼児一人一人の活動の場面に応じて、③様々な役割を果たし、その活動を豊かにしなければならない
>
> （下線部筆者）

　ここには、幼稚園において、教師が果たすべき役割として、①幼児理解に基づき、②環境構成を行うこと、そして、遊びの中で、③様々な役割を果たし、活動を豊かにすることが求められています。この①から③は、日々の遊びの中で不断的に行われるものであり、循環した教師の役割といえるでしょう。

　それぞれをもう少し丁寧に見ていきましょう。

　①幼児理解を行う上で重要な点として、要領には「幼児一人一人のよさや可能性などを把握し、指導の改善に活かすようにすること。その際、他の幼児との比較や一定の基準に対する達成度についての評定によって捉えるものではない（第1章 総則 第4 指導計画の作成と幼児理解に基づいた評価 4 幼児理解に基づいた評価の実際）」とあります。つまり、できている、できていないという見方や、年長だったらこれぐらいできている、という見方ではなく、1人ひとりの「よさや可能性」を大事にすることが求められています。

　②環境構成を行う上で重要な点として、「環境は、具体的なねらいを達成するために適切なものとなるように構成し、幼児が自らその環境に関わることにより様々な活動を展開しつつ必要な体験を得られるようにすること（第1章 総則 第4 指導計画の作成と幼児理解に基づいた評価 2 指導計画の作成上の基本的事項）」とあります。年間を通して、①の幼児理解に基づき、幼児の多様な経験を保障できるような園内の環境を作っていくことが求められています。

　③活動を豊かにすることを行う上で重要な点として、「幼児の主体的な活動を促すためには、教師が多様な関わりをもつことが重要であることを踏まえ、教師は、

理解者、共同作業者など様々な役割を果たし、幼児の発達に必要な豊かな体験が得られるよう、活動の場面に応じて、適切な指導を行う（第1章 総則 第4 指導計画の作成と幼児理解に基づいた評価 3 指導計画の作成上の留意事項）」とあります。つまり、幼稚園における教師は、一方的に教えるだけの役割ではなく、子どもの思いに寄り添い、共感し、共に考え活動する様々な役割を果たさなければなりません（本章「保育の道しるべ」参照）。

この①幼児理解から③活動を豊かにする一連の流れが、幼稚園教諭も保育士にとっても、幼児の主体的な活動を展開していく中心的な保育者の役割であり、その専門性の中核にあるものと考えてよいでしょう。この①幼児理解から③活動を豊かにする一連の流れを担う保育者の役割を、ここでは、「遊びを豊かにする専門性」としておきます。また、「遊びを豊かにする専門性」を支えていくために、「幼児が身近な環境に主体的に関わり、環境との関わり方や意味に気付き、これらを取り込もうとして、試行錯誤したり、考えたりするようになる幼児期の教育における見方・考え方（第1章 総則 第1 幼稚園教育の基本）」が、土台となる子ども観になります。幼児期において、子どもは、保育者から一方的に教えられる存在ではなく、自身の興味関心に立ち、試行錯誤し、考える存在であることを改めて押さえておきましょう。

14.1.2 🦋 保育所保育指針における専門性

「遊びを豊かにする専門性」は、幼稚園教育要領を用いて説明しましたが、これは保育園や認定こども園で働く保育士にとっても同様なものとなります。たとえば、保育所保育指針には次のように書かれています。

---

1 保育所保育に関する基本原則

(1) 保育所の役割

イ 保育所は、その目的を達成するために、保育に関する専門性を有する職員が、家庭との緊密な連携の下に、子どもの状況や発達過程を踏まえ、保育所における環境を通して、養護及び教育を一体的に行うことを特性としている

（下線部筆者）

ここでの「保育に関する専門性」として、保育所保育指針からは、「倫理観に裏付けられた専門的知識、技術及び判断」をもって保育することが記されています。ここでは、この中身については、第4章で解説した通りですが、保育が「養護と教育の一体」であること、教育は幼稚園教育要領に準じていること（本章「考えてみよう！」参照）から、「遊びを豊かにする専門性」があるといえるでしょう。

また、保育所保育指針には、専門性に関して次のように重要な記述があります。

> 第5章　職員の資質向上
> 1 職員の資質向上に関する基本的事項
> (1) 保育所職員に求められる専門性
> 　子どもの最善の利益を考慮し、人権に配慮した保育を行うためには、職員一人一人の倫理観、人間性並びに保育所職員としての①職務及び責任の理解と自覚が基盤となる。各職員は、自己評価に基づく課題等を踏まえ、保育所内外の研修等を通じて、保育士・看護師・調理員・栄養士等、それぞれの職務内容に応じた専門性を高めるため、②必要な知識及び技術の修得、維持及び向上に努めなければならない。
> (2) 保育の質の向上に向けた組織的な取組
> 　保育所においては、保育の内容等に関する自己評価等を通じて把握した、③保育の質の向上に向けた課題に組織的に対応するため、保育内容の改善や保育士等の役割分担の見直し等に取り組むとともに、それぞれの職位や職務内容等に応じて、各職員が必要な知識及び技能を身につけられるよう努めなければならない。
>
> （下線部筆者）

　下線部①の部分は、保育者としての倫理観を表しています（本章「考えてみよう！」参照）。詳細は第3章で解説した通りですが、保育者の専門性には、保育者自身の倫理観が基盤としてあることを確認しておきましょう。また、同時に、保育者の専門性については、一定の基準や年数で到達したと考えるものではなく、常に向上し続けることが重要な要素となっています。また、そのような取り組みは、保育者1人ひとりが、個々人で行うだけではなく、保育施設として、組織的な取り組みが求められています。専門性を高める組織的な取り組みについては、14.3節で詳細に見ていきます。

14.1.3 　多岐にわたる保育者の専門性

　ここまで、幼稚園教育要領における「遊びを豊かにする専門性」、保育所保育指針から土台となる「倫理観」、また「専門性向上の取り組み」があることをみてきました。しかし、現代の保育者に求められる専門性は、これだけではありません。香曽我部（2011）は、保育者に求められる専門性が多岐にわたることを指摘しています。

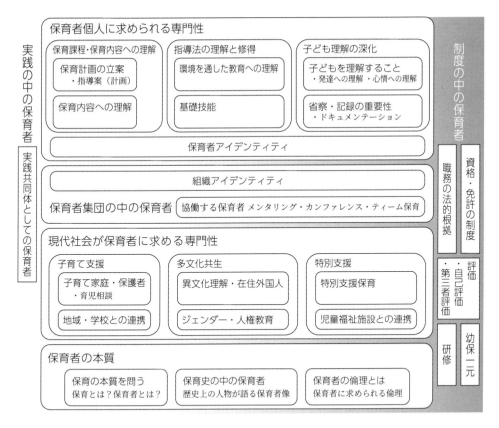

図 14.1 保育者論において求められる専門性
出典：香曽我部琢（2011）保育者の専門性を捉えるパラダイムシフトがもたらした問題．東北大学大学院教育学研究科研究年報, 59（2），53-68.

図 14.1 にあるように、実践の中の保育者としては、これまで見てきた「遊びを豊かにする専門性」ですが、同時に現代社会においては、①多様な背景のある保護者への子育て支援や、②多文化共生、③特別支援などの力量が求められてきています。

①子育て支援について、少子化社会の中で、保護者の多様な就労形態、子育て環境を支援していくために、保育園の役割は極めて重要視されています。保育所保育指針では、保育者の役割として「子どもの保護者に対する保育に関する指導」を行い、第 4 章には子育て支援として、保育所の果たすべき事項がまとめられています。しかしながら、近年、多様化する保護者のニーズもあることから、その支援の困難さもあり（勝浦・上田, 2021）、ソーシャルワーカーやカウンセラーのような専門性も求められてきています。

②多文化共生についても、指針の中で「外国籍家庭など、特別な配慮を必要とする家庭の場合には、状況等に応じて個別の支援を行う」ことが求められていますし、③特別支援についても、「障害のある子どもの保育については、一人一人の子どもの発達過程や障害の状態を把握し、適切な環境の下で、障害のある子どもが他の子

どもとの生活を通して共に成長できるよう、指導計画の中に位置付ける」こととされています。本書自体も、インクルーシブが軸としてまとめられていることから、その重要性が理解できるかと思います。

従来、保育者の専門性とは、保育施設の中で、日々、子どもの「遊びを豊かにする」ことが中心的なものでした。この軸は変わっていないように思います。同時に、社会状況が変化する中で、保育者自身の倫理観も問われるようになり、また、様々なニーズから、求められる専門性が多岐にわたってきています。次に、この多様に求められる保育者の専門性が、これからの社会の中でどのように位置づけられるのか、そのためには具体的にどのような手立てがあるのかをみていきましょう。

こんなとき、どうする？

2月に豆まきを行おうと思っていますが、ある保護者から、「うちの子どもが鬼が怖いといっているので、園での豆まきをやめてほしい」と言われました。保育者の専門性を意識しながら、どう保護者に答えるのがよいでしょうか。

14.2 これからの保育に求められる保育者の専門性

14.2.1 🦋 そもそも保育者の専門性とは？

本節では、保育者の「専門性」の在り方自体を考えていきたいと思います。専門性とは、そもそも何をもって説明できるでしょうか。保育者は何の「専門家」であるといえるのでしょうか。ここでは、佐藤（2015）を援用しながら考えていきましょう。

専門家であることは、次の5つから定義されます。①仕事が公共的な利益を目的とするもの、②高度な知識と技術によって遂行されること、③専門家協会があること、④政策や行政から独立した自律性があること、⑤倫理綱領を有していること、となります。この要件を踏まえると、保育職とは、専門家として専門職性を有しているでしょうか。①については、問題ないでしょう。②についても、議論は後述しますが有しているといえます。③については、幼稚園、保育士、公立、私立とでそれぞれあります。④については、独立した自律性は有していません。⑤について、保育士は有していますが、幼稚園教諭の方は有していません。このことから、この定義によって「専門家である」と認めることは、難しいと言わざるをえず、教師と

同様、保育者もまた「マイナーな専門職」であるといえるでしょう。

さらに、②の高度な知識と技術によって遂行される、という点についても、いくつか課題があります。

第一に、その可視化性です。②高度な知識と技術によって遂行することは、保育者にとって自明であっても外部からは見えにくいものとなっています。現在の要領・指針において、保育は「環境を通して行う」ことが自明のものとなっていますが、これは「教科指導と生活指導とが一体化し園生活全般をとおして環境による指導を行うため、その技術や効果を可視化することとは難しい（浜口, 2014）」のです。したがって、実際には環境を通して行う教育の中に、先述した「遊びを豊かにする専門性」が内包されていたとしても、外部からは見えにくく、また、それがどのような意味があるものかを明確にすることの困難性を有しているのです。

第二に、基盤となる「知識と技術」が明確でないことです。佐藤（2015）が教職に対して指摘していることと同様ですが、保育職ではその不明確性はさらに顕著といえるでしょう。たとえば、保育施設では、ピアノを弾けることというのが技術として求められているかと思いますが、実際には、このような技術がなくとも、保育が成立している園は数多くあります。現場で要求される専門家としての知識と技術は、個々の園の運営方針や教育方針とリンクしており、すべての園で共通のものとなっていないのです。

第三に、第二と関係していますが、卓越した「知識と技術」を有している人が、必ずしも優れた保育の実践者ではないということです。優れたピアニストが、保育の場において、優れた保育者であるわけではありません。

保育者の専門性とは、一定の知識や技術にあるのではなく、子どもの「遊びを豊かにする」循環を作り出していくこと、その中にある子どもの学びを支援していくことにあるといえるでしょう。このような専門家の在り方について、見ていきましょう。

14.2.2 　子どもの主体的・対話的で深い学びをうながす支援者として

現在、「令和の日本型学校教育」の姿として、個別最適な学びを重視し、「個に応じた指導」「指導の個別化」「学習の個性化」といったキーワードで、これからの学びの姿が示されています。これを可能にするのが、「主体的・対話的で深い学び」と紹介されています（文部科学省, 2021）。

このような学校教育の在り方において、求められる教師像が「教える専門家」から「学びの専門家」として、大きくシフトしてきています（佐藤, 2015）。全員が同じような方法で、同じような知識や技術を学ぶのではなく、1人ひとりに応じた学

びを目指す、このような姿は、実はこれまで保育施設で行われてきたものとかなり近いのではないでしょうか。この点から、改めて「遊びを豊かにする」専門性を高め、保育実践を培っていくことが重要になるでしょう。次節では、このような専門性を高めていくための意味と組織的取り組みについて見ていきましょう。

こんなとき、どうする？

保育施設において、保育を振り返るための方法に、ドキュメンテーションが挙げられますが、これを用いて、何をどのように振り返ることができるかを考えてみましょう。 ▶

14.3 保育者の専門性を高めるために

14.3.1 保育の質とは

現在、保育を論じる多くの論文や行政文書において「保育の質の向上」という言葉が用いられています。アメリカにおいて、1970年代に登場した「保育の質（Quality of Day Care）」という文言は、1990年代以後、多様化する保育ニーズへ対応する保育政策転換の中で、頻繁に使われるようになりました（金田 他, 2000）。保育に言及する上で、枕詞のように使われるようになった「保育の質」は、OECD Organisation for Economic 他 （2011）による保育の質に関する5つの質の定義を受け、中でも「構造の質」「プロセスの質」という視点が重要視されてきています。このような潮流の中で、欧米諸国と比較して、1人あたりの保育者が見る子どもの数などの配置基準の問題が浮き彫りにされました。このような動きは「保育の質」の向上に寄与しているといえるでしょう。

しかしながら、一方で、このような「保育の質」言説が普遍化していることに対して警鐘を鳴らしているのがピーター・モス（Peter Moss）という人です。モスは、「保育の質」言説が、保育の営みを工場的視点で捉えられていることを指摘し、質の高い－低いという視点でのみ、保育を語ることに対して異議を唱えています（Dahlberg et al. 2022）。モスによると、「保育の質を超える」ためには、それぞれの保育者が日々の保育実践に対しての取り組みを問い直し、保育者としての価値観や倫理観を土台とした倫理的実践として保育観を提示することが重要であると述べて

います。このようなモスの述べる「倫理的実践」としての保育を共有することは、実践それ自体を物語のように語ることが重要となり、本邦においても、秋田（2020）によって、「保育の物語り」として紹介されています。

　保育者の専門性を向上させるための取り組みが重要であることを14.1節で述べてきましたが、「遊びを豊かにする」専門性を高めていくためには、保育実践を「物語」のように語り合い、共有することで、それは可能になるのです。そして、このような取り組みとして、中心になるのが園内研修になります。

14.3.2 🌸 保育の質向上を促す組織的取り組みとしての園内研修

　保育の質向上を目的として、保育施設で取り組まなければならないことは、それぞれの保育者の専門性を発達させる機会を保障することになります。OECD（2018）の調査から、保育者の専門性発達の機会があることが、幼児の育ちや学びに影響していることが報告されています。この専門性発達を保証するものとして、多くの場合、研修が考えられます。保育施設では、研修の機会として、行政や市町村などが主催する「園外研修」と、園内で取り組む「園内研修」とが中心になります。

　園外研修とは、各保育施設の形態によって、得られるものが異なりますが、いわゆる新規採用教員研修や、5年目研修、10年目研修、園長研修など、職階やテーマにあわせたものが中心になっています（本章「考えてみよう！」参照）。

　園内研修は、各保育施設で取り組まれるものですが、その内容は多岐にわたっています。たとえば、音楽や体操、造形などの専門家を呼び、その技術について学ぶこともありますし、特別支援の幼児への対応や保護者対応などについて話し合うこともあります。近年では特に、「参加型」「協働型」と呼ばれる保育者が主体的に参加する園内研修が盛んに行われています（松山・秋田, 2011；中坪, 2018）。具体的な園内研修の方法や内容については、ここでは触れませんが、重要なことは1人ひとりの保育者としての参加の姿勢になります。園内研修において、すべての人が必ずしも同じような学びをするわけではありません（秋田 他, 2023）。そこでは、1人ひとりの気づきや学びの様相が異なっているのです。したがって、1人ひとりが主体的な参加意欲をもって、園内研修に臨むことが肝要となるのです。

14.3.3 🌸 これからの保育を支える保育者の専門性

　最後に、改めて保育者の専門性の在り方について考えてみましょう。図14.1で示したように、保育者には、個人に求められる知識・技術、組織としての風土など、多岐にわたる専門性が求められています。また、本章では「遊びを豊かにする」専門性として、これまでの章にもまとめられている反省的実践家としての保育者の姿

が解説されてきました。

　これらの専門家としてのモデルは、ゴールではありません。自分がどのような保育者になりたいのか、日々の保育の中で、何が子どもにとってよいのかを、その都度、問い直していくプロセスが重要なのです。保育者として生きていく「生き様」として捉え、自分自身を見つめ直すことが、保育者の専門性を高めていく最も土台の部分になるかと思います。保育者養成校での学び、ボランティアや保育実習など実践現場での学びを踏まえて、常に自分自身と対話することを大事にしてください。

こんなとき、どうする？

　園内研修において、園で行われている保育の方法に対して、自身が思っていることと異なる意見の先生がいました。どのように対応するのがよいでしょうか。

インクルーシブの視点から

　現在の少子化が進行する社会状況の中で、地域全体で子育て支援をしていく保育施設の役割は大きくなってきています。少子化が社会問題となった1990年代以降、多様化する保育ニーズに対して対応することが保育施設に求められています。近年では、一時預かりや特別支援だけではなく、医療的ケアの必要な乳幼児、外国にルーツのある乳幼児への対応も求められてきています。

　このような社会状況の変化は、保育の在り方についても、もちろん影響を及ぼします。小学校での教育に類似した保育内容・方法の在り方ではなく、様々なニーズのある乳幼児が同時に学べる保育の場を改めて問い直していくことが肝要でしょう。そのために、保育者の専門性の向上は、より一層求められてきます。

保育の道しるべ

　保育者は、保育の中でどのように幼児に関わっているのでしょうか。保育者の関わりについては、これまでも様々な研究がなされてきました。たとえば、保育者がどのような行為（たとえば、指示、褒める、認めるなど）を行っているのかという研究や、それを踏まえて、どのような価値観に基づき幼児と関わってきているのか、などが挙げられます。その両者を包括的に捉えていく視点として、保育行為スタイルがあります。これは、「個々の保育者に見られる保育行為の特徴や傾向、偏りの違い」（上田, 2017）と捉えられます。保育の場面において、どのような保育行為があり、それがどのように保育者の価値観と関連しているのかについては、ぜひ本書（上田, 2017）を参考にしてください。

- 保育が「養護と教育の一体」である際に、その教育の部分が幼稚園教育要領に準じていることを記している根拠法令を探してみよう。それを踏まえて、保育という言葉と教育という言葉の関係性を考えてみよう。
- 全国保育士会倫理綱領を読み、何が重要かを考えてみよう。
- 自身が働きたい園（たとえば、私立幼稚園など）を想定して、どのような研修があるのかを調べてみよう。それを踏まえて、園で働く上での自身のキャリアを考えてみよう。

❀ 引用文献・参考文献 ❀

秋田喜代美（2020）日本の新たな保育の物語りへの展望. 発達, 41（162）, 53–58.

秋田喜代美・小田豊・上田敏丈・門田理世・鈴木正敏・中坪史典・野口隆子・箕輪潤子・椋田善之・森暢子・淀川裕美（2023）園内研修でもっと豊かな園づくり：学びが広がる・深まる. 中央法規出版

Dahlberg, G., Moss, P. & Pence, A.R.（2022）「保育の質」を超えて：「評価」のオルタナティブを探る（浅井幸子, 訳）. ミネルヴァ書房.（Dahlberg, G., Moss, P. & Pence, A.R. (2013). *Beyond Quality in Early Childhood Education and Care: Languages of Evaluation*: Routledge.）

浜口順子（2014）平成期幼稚園教育要領と保育者の専門性. 教育学研究, 81（4）, 448–459.

金田利子・諏訪きぬ・土方弘子（2000）「保育の質」の探究：「保育者-子ども関係」を基軸として. ミネルヴァ書房

勝浦眞仁・上田敏丈（2021）保護者支援における保育士の抱える困難感のフェーズを探る-保育士による保護者支援のための文献研究. 桜花学園大学保育学部研究紀要, 24, 35–50.

厚生労働省（編）（2017）保育所保育指針. フレーベル館

香曽我部琢（2011）保育者の専門性を捉えるパラダイムシフトがもたらした問題. 東北大学大学院教育学研究科研究年報, 59（2）, 53–68.

文部科学省（編）（2017）幼稚園教育要領. フレーベル館

文部科学省（2021）文部科学白書. 3–38.
  https://www.mext.go.jp/content/20210720-mxt_soseisk01-000016965_1-1.pdf
  https://www.mext.go.jp/content/20210720-mxt_soseisk01-000016965_1-2.pdf
  https://www.mext.go.jp/content/20210720-mxt_soseisk01-000016965_1-3.pdf
  （情報取得 2024/9/30）

中坪史典（2018）保育を語り合う「協働型」園内研修のすすめ：組織の活性化と専門性の向上に向けて. 中央法規出版

OECD（2018）. Engaging Young Children. https://www.oecd.org/en/publications/engaging-young-children_9789264085145-en.html（情報取得 2024/9/30）

OECD（編）（2011）OECD 保育白書：人生の始まりこそ力強く：乳幼児期の教育とケア

（ECEC）の国際比較（星三和子・首藤美香子・大和洋子・一見真理子, 訳）. 明石書店

佐藤学（2015）専門家として教師を育てる：教師教育改革のグランドデザイン. 岩波書店

上田敏丈（2017）保育行為スタイルの生成・維持プロセスに関する研究. 風間書房

松山益代・秋田喜代美（2011）参加型園内研修のすすめ：学び合いの「場づくり」. ぎょうせい

索　引

● アルファベット ●

ESD（Education for Sustainable Development）・80
Learning Story............131
Loris Malaguzzi............132
OECD（Organization for Economic Co-operation and Development）
........................126
Off the Job Training（Off-JT）........160
On the Job Training（OJT）..........157
PDCA..................28, 89
Professional Development
........................152
Reflective Practitioner
..................89, 162
Reggio Emilia Approach
........................132
SDGs（Sustainable Development Goals）............80

● あ行 ●

遊びを豊かにする専門性
........................167
アプローチカリキュラム
..................44, 45
生きる力..................39

インクルーシブ保育
..................95, 119
インクルージョン・118, 119
インテグレーション
..................118, 119
ウェルビーイング........127
園外研修............160, 173
園内研修............157, 173

● か行 ●

架け橋期..................45
学校教育法............2, 13
カリキュラム............88
カリキュラム・マネジメント..................89
環境構成........52, 94, 166
環境の再構成............57
環境を通して行う教育・保育..................50
キャリア..................151
教育........................3
教育課程..................87
教員育成指標............153
共主体..............65, 106
倉橋惣三.....3, 32, 162, 163
経済協力開発機構......126
合計特殊出生率..........9
厚生労働省................34
子育て支援..............106
こども家庭庁........12, 13
こども基本法............16
子ども・子育て支援新制度
........................14
子どもの意見の尊重・76, 79
子どもの権利............16
子どもの権利条約.....75, 76
子どもの最善の利益
..........27, 30, 76, 78
子どもの主体性..........51
個別的な計画............87

● さ行 ●

差別の禁止............76, 77
思考力、判断力、表現力等の基礎..............40
自己評価..........28, 30, 90
資質・能力..........36, 40
自然的環境..........52, 94
持続可能な開発のための教育......................80
持続可能な開発目標......80
児童虐待............76, 100
指導計画..................87
児童の権利に関する条約27
児童福祉施設............12
児童福祉法........2, 13, 22
社会的環境..........52, 94
就学前の子どもに関する教育、保育等の総合的な提供の推進に関する法律...2, 13
主体的・対話的で深い学び
........................171
主体的な遊び........63, 65

障害……………………114
情緒の安定………………3
人権………………………82
人的環境………………52, 94
信用失墜行為……………23
スタートカリキュラム…45
精選………………………58
生命、生存及び発達に対する権利………76, 78
生命の保持………………3
接続期……………………44
全国保育士会倫理綱領
　………………………26, 30
全体的な計画……………87
専門職的成長……………152

● た行 ●

待機児童…………………14
短期的な指導計画………87
地域に開かれた園………107
チームとしての園………141
チームとしての学校の在り方………138, 140
知識及び技能の基礎……40
長期的な指導計画………87
テ・ファーリキ…………130
同僚性………………141, 144
ドキュメンテーション
　………………………105, 132

● な行 ●

内閣府……………………34
日本語を母語としない子ども………………117
認定こども園……2, 12, 13

認定こども園法…………2
ノーマライゼーション…118

● は行 ●

発達障害…………………115
反省的実践家…………89, 162
秘密保持義務……………24
貧困………………………101
物的環境………………52, 94
プライバシーの保護……28
プロジェクト……………132
保育………………………1
保育園………………2, 12, 13
保育環境…………………50
保育教諭…………………23
保育参加…………………104
保育士資格………………22
保育者……………………1
保育者育成指標…………153
保育者の専門性……168, 170
保育所……………………2
保育所保育指針
　………………2, 12, 13, 34, 35
保育の質……………126, 172

● ま行 ●

学びに向かう力、人間性等
　…………………………40
学びの物語………………131
モニタリング……………128
物語………………………65, 173
文部科学省…………12, 13, 34

● や行 ●

養護………………………2

養護及び教育……………2
養護及び教育の一体的展開
　…………………………37
要支援児童………………100
幼児期の終わりまでに育ってほしい姿
　…………………36, 40, 41
幼児期の教育における見方・考え方………51
幼児教育・保育の無償化…14
幼児理解…………………166
幼稚園………………2, 12, 13
幼稚園教育要領
　………………12, 13, 34, 36
幼稚園教諭免許状………22
要保護児童………………100
幼保小接続………………127
幼保小の架け橋プログラム
　…………………………45
幼保小連携………………42
幼保連携型認定こども園教育・保育要領
　………………12, 13, 34, 36, 51
要録…………………43, 44

● ら行 ●

ラーニングストーリー…131
倫理観……………………168
令和の日本型学校教育
　…………………152, 153, 171
レッジョ・エミリア・アプローチ………………132
連携・協働………………141
ロリス・マラグッチ……132

執筆者紹介

安藤 香（あんどう かおり）
名古屋市立大学 研究員　　担当章：第12章

伊藤 茂美（いとう しげみ）
桜花学園大学 保育学部 保育学科 教授　　担当章：第5章

岩間 直美（いわま なおみ）
愛知文教女子短期大学 幼児教育学科 講師　　担当章：第4章

上田 敏丈（うえだ はるとも）
名古屋市立大学大学院 人間文化研究科 教授　　担当章：第14章

上村 晶（うえむら あき）
桜花学園大学 保育学部 保育学科 教授　　編集　担当章：第13章

神谷 良恵（かみや よしえ）
同朋大学 社会福祉学部 社会福祉学科 講師　　担当章：第1章

川村 高弘（かわむら たかひろ）
神戸女子短期大学 幼児教育学科 教授　　担当章：第3章

鬼頭 弥生（きとう やよい）
名古屋短期大学 保育科 准教授　　担当章：第10章

後藤 由美（ごとう ゆみ）
名古屋柳城短期大学 保育科 講師　　担当章：第7章

嶌田 弘子（しまだ ひろこ）
名古屋短期大学 保育科 准教授　　担当章：第9章

鈴木 捺津美（すずき なつみ）
愛知文教女子短期大学 幼児教育学科 助教　　担当章：第8章

Dalrymple 規子（だーりんぷる のりこ）
桜花学園大学 保育学部 国際教養こども学科 教授　　担当章：第11章

長野 未来（ながの みく）
名古屋市立大学 大学院生　　担当章：第6章

平松 章予（ひらまつ あきよ）
名古屋市立第三幼稚園 園長　　担当章：第5章

寳來 敬章（ほうらい たかあき）
常葉大学 保育学部 保育学科 准教授　　担当章：第2章

イラスト作成：すみ 航（すみ わたる）
　　　　　　　日本女子大学 漫画研究会 まるぼつ

新・保育シリーズ

保育者論
（ほいくしゃろん）

| 2024年10月25日 | 第1版 第1刷 印刷 |
| 2024年10月31日 | 第1版 第1刷 発行 |

監　　修	中　坪　史　典
	請　川　滋　大
編　　集	上　村　　　晶
発　行　者	発　田　和　子
発　行　所	株式会社　学術図書出版社

〒113-0033　東京都文京区本郷5丁目4の6
TEL 03-3811-0889　振替 00110-4-28454
印刷　三美印刷(株)

定価はカバーに表示してあります．

本書の一部または全部を無断で複写（コピー）・複製・転載することは，著作権法でみとめられた場合を除き，著作者および出版社の権利の侵害となります．あらかじめ，小社に許諾を求めて下さい．

©2024　A. UEMURA
Printed in Japan
ISBN978-4-7806-1302-5　　C3037